U0457321

电网生产技术改造与设备大修项目
典型造价汇编

输电检修分册

国家电网有限公司设备管理部　组编

中国电力出版社
CHINA ELECTRIC POWER PRESS

内 容 提 要

　　本书为《电网生产技术改造与设备大修项目典型造价汇编（2023年版）输电检修分册》，共分为三篇。其中，第一篇为总论，包括概述、编制过程、总说明；第二篇为典型方案造价，包含方案概况、主要技术条件、估算费用、电气设备材料和工程量等内容；第三篇为使用说明。

　　本书可供电网生产技术改造与设备大修项目管理相关人员、项目评审单位参考使用，也可供从事电力行业规划、设计、建设、运维等相关工作的专业技术人员学习使用。

图书在版编目（CIP）数据

电网生产技术改造与设备大修项目典型造价汇编：2023年版. 输电检修分册 / 国家电网有限公司设备管理部组编. —北京：中国电力出版社，2023.12
　ISBN 978-7-5198-8530-4

Ⅰ. ①电… Ⅱ. ①国… Ⅲ. ①电网–技改工程–工程造价–中国②输电线路–检修–技改工程–工程造价–中国 Ⅳ. ①F426.61

中国国家版本馆 CIP 数据核字（2023）第 248538 号

出版发行：中国电力出版社
地　　址：北京市东城区北京站西街 19 号（邮政编码 100005）
网　　址：http://www.cepp.sgcc.com.cn
责任编辑：陈　丽
责任校对：黄　蓓　于　维
装帧设计：张俊霞
责任印制：石　雷

印　　刷：三河市万龙印装有限公司
版　　次：2023 年 12 月第一版
印　　次：2023 年 12 月北京第一次印刷
开　　本：787 毫米×1092 毫米　16 开本
印　　张：7.75
字　　数：160 千字
印　　数：0001—1000 册
定　　价：32.00 元

电网生产技术改造与设备大修项目典型造价汇编
（2023 年版）
输电检修分册

编 委 会

主　　编　吕　军

副 主 编　周宏宇　张贺军

编　　委　刘　昊　李培栋　郑　燕　曾　军　张　凯　吴　强

　　　　　梁　瑜　李景华　吴化君　王国功　杜　平　杨本渤

　　　　　项　薇

编 写 组

成　员　李　曈　　张　恒　　吕　琦　　张　恒（男）　何　育

　　　　王　勇（辽宁）李天浩　　刘雅琼　　张弘扬　　　刘光辉

　　　　董　祯　　范晓丹　　王　勇（河北）徐晓明　　　李　照

　　　　黄佳楠　　石　晶　　徐　昊　　杨晓东　　　赵冀宁

前言

电网生产技术改造与设备大修项目（简称项目）规范化管理是落实国家电网有限公司（简称国家电网公司）资产全寿命周期管理提升行动，推动构建现代设备管理体系的重要手段。近年来，随着电力体制改革不断深化，电网运行安全、质量和效益管理要求不断提升，对项目精益管理水平提出更高要求。

为进一步提升项目规范化管理水平及造价计列精准性，2021年始，国家电网公司组织有关单位，依据国家最新定额标准，结合项目管理实际，在充分调研、精心比选、反复论证的基础上，历时近2年时间，修编完成《电网生产技术改造与设备大修项目典型造价汇编（2023年版）》丛书（简称《2023年版典型造价》）。《2023年版典型造价》汲取了以往电网工程典型造价的编制经验，并充分考虑当前项目立项、实施、结算等环节管理特点，以单项工程为计价单元，优化提炼出具有代表性的典型方案，按照设计规程规范、建设标准和现行的估算编制依据，编制形成典型造价。

《2023年版典型造价》共6册，分别为《变电技改分册》《变电检修分册》《输电技改分册》《输电检修分册》《配电技改检修分册》《通信/继电保护/自动化技改检修分册》。涵盖变电、输电、配电、继电保护、自动化、通信6个专业，覆盖0.4～500kV电压等级，涉及30类设备、341个典型项目方案，方案包含方案概况、主要技术条件、估算费用、电气设备材料和工程量等内容。

《2023年版典型造价》在编写过程中得到了电力设备运维人员、管理人员，电力工程设计人员、施工人员等的大力支持，在此表示感谢。

因时间关系，书中难免有疏漏之处，敬请各位读者批评指正。

电网生产技术改造与设备大修项目
典型造价编制工作组
2023年7月

目录

第一篇 总 论

第1章 概 述

为服务国家电网公司"一体四翼"发展战略，支撑现代设备管理体系建设，进一步提升电网生产技术改造与设备大修项目（简称项目）管理水平，提高项目可研、设计、采购、结算质效，国家电网公司委托国网经济技术研究院有限公司（简称国网经研院）、国网河北省电力有限公司（简称国网河北电力）牵头收集整理 2019 年 6 月～2023 年 8 月期间各类典型项目，明确技术条件和工程取费标准，在《电网生产技术改造工程典型造价（2017 年版）》的基础上，修编形成《电网生产技术改造与设备大修项目典型造价汇编（2023 年版）》（简称《2023 年版典型造价》）。

《2023 年版典型造价》基于标准化设计，遵循"方案典型、造价合理、编制科学"的原则，形成典型方案库。一是方案典型。通过对大量实际工程的统计、分析，结合公司各区域工程建设实际特点，合理归并、科学优化典型方案。二是造价合理。统一典型造价的编制原则、编制深度和编制依据，按照国家电网公司项目建设标准，综合考虑各地区工程建设实际情况，体现近年项目造价的综合平均水平。三是编制科学。典型造价编制工作结合项目管理实际，提出既能满足当前工程要求又有一定代表性的典型方案，根据现行的估算编制依据，优化假设条件，使典型造价更合理、更科学。

《电网生产技术改造与设备大修项目典型造价汇编（2023 年版） 输电检修分册》，为第四册，本册适用于杆塔检修、检修导地线、检修绝缘子串、检修基础、检修附件、检修电缆附属设备、检修电缆附属设施、检修电缆通道等电网检修项目。对于检修工作中更换导地线、更换绝缘子串、检修避雷器等项目可参考输电技改专业相关方案。

本分册共分为三篇，第一篇为总论，包括概述、编制过程、总说明；第二篇为典型方案造价，包含方案概况、主要技术条件、估算费用、电气设备材料和工程量等内容；第三篇为使用说明。

本分册典型造价应用时需与实际工作结合，充分考虑电网工程技术进步、国家政策等影响造价的各类因素。一是处理好与工程实际的关系。典型造价与工程实际的侧重点不同，但编制原则、技术条件一致，因此，在应用中可根据两者的特点，相互补充参考。二是因地制宜，加强对各类费用的控制。《2023 年版典型造价》按照《电网检修工程预算编制与计算规定（2020 年版）》（简称《预规》）计算了每个典型方案的具体造价，对于计价依据明确的费用，在实际工程设计评审等管理环节中必须严格把关；对于建设场地征用及清理费用等地区差异较大、计价依据未明确的费用，应进行合理的比较、分析与控制。

第2章　典型造价编制过程

典型造价编制工作于 2021 年 7 月启动，2023 年 8 月形成最终成果，期间召开 5 次研讨会，明确各阶段工作任务，对典型方案、估算编制原则和典型造价进行评审，提高典型造价科学性、正确性和合理性。具体编制过程如下：

2021 年 7～9 月，召开启动会，明确编制任务，研讨《电网生产技术改造工程典型造价（2017 年版）》方案设置情况，结合项目实际情况，经多次会议讨论，梳理形成《2023 年版典型造价》方案清单。

2021 年 10～11 月，细化方案清单，明确典型方案的主要技术条件及主要工程量，明确对应的定额子目。在北京召开集中研讨会，审定典型方案的技术条件及设计规模，初步确定定额子目及配套使用规则。

2021 年 12 月～2022 年 4 月，国网经研院、国网河北电力统一编制标准、明确编制依据，各参研单位根据典型方案技术规模、《预规》等计价规范，编制形成典型造价案例库。

2022 年 5～11 月，在编制组内开展互查互审工作，对典型造价案例库的技术规模和定额计费情况征集修改意见，组织多轮修改工作和集中审查工作，统一《2023 年版典型造价》形式。

2022 年 12 月～2023 年 1 月，线上召开电网生产技改与设备大修项目典型造价汇报审查会议，根据审查意见，依据《国网设备部关于印发电网生产技术改造和设备大修项目估算编制指导意见的通知》（设备计划〔2022〕96 号文）调整典型造价估算书，并根据当前市场价格更新主要材料与设备价格。

2023 年 2～6 月，邀请国网湖北省电力有限公司、国网福建省电力有限公司对编制成果进行审查，同期组织第二次编制组内互查互审工作，对审查意见进行集中梳理研讨并对应完成修改工作。

2023 年 6～8 月，国网经研院与国网河北电力完成终稿校审工作。

第3章 典型造价总说明

典型造价编制严格执行国家有关法律法规、电网技术改造工程预算编制与计算规定和配套定额、电网检修工程预算编制与计算规定和配套定额，设备材料以 2022 年为价格水平基准年，结合实际工程情况，形成典型造价方案、确定典型造价编制依据。估算书的编制深度和内容符合现行《电网技术改造工程预算编制与计算规定（2020 年版）》及《电网检修工程预算编制与计算规定（2020 年版）》的要求，表现形式遵循《预规》规定的表格形式、项目划分及费用性质划分原则。

3.1 典型方案形成过程

本册典型方案从实际工程选取，参考河北、山东、江苏、河南、重庆、辽宁、宁夏、新疆等地区电网设备大修项目类型确定，典型方案形成过程如下：

（1）典型方案选择原则：根据造价水平相当的原则，科学合理归并方案，确保方案的适用性、典型性。

（2）典型方案选取：以各地区常见工程为基础，充分考虑地区差异，整理分析典型工程，按专业类型及工程规模形成主体框架。

（3）典型方案确定：根据不同地区、各电压等级电网设备大修项目特点，以单项工程为计价单元，优化提炼出具有一定代表性的典型方案。

（4）典型方案主要技术条件：明确典型方案的主要技术条件，确定各方案边界条件及组合原则。

（5）典型方案主要内容：确定各方案具体工作内容。

3.2 典型造价编制依据

（1）项目划分及取费执行国家能源局发布的《电网技术改造工程预算编制与计算规定（2020 年版）》及《电网检修工程预算编制与计算规定（2020 年版）》。

（2）定额采用《电网技术改造工程概算定额（2020 年版）》《电网技术改造工程预算定额（2020 年版）》《电网检修工程预算定额（2020 年版）》《电网拆除工程预算定额（2020 年版）》。

（3）措施费取费标准按北京地区（Ⅱ类地区）计取，不计列特殊地区施工增加费。

（4）定额价格水平调整执行《电力工程造价与定额管理总站关于发布 2020 版电网技术改造及检修工程概预算定额 2022 年上半年价格水平调整系数的通知》（定额〔2022〕21 号）相关规定。人工费和材机费调整金额只计取税金，汇总计入总表"编制基准期价差"。

（5）建筑地方材料价格根据《北京工程造价信息》（月刊〔总第 266 期〕）计列。

（6）电气设备及主要材料价格统一按照《电网工程设备材料信息参考价》（2022 年第三季度）计列，信息价格中未含部分，按照 2022 年第三季度国家电网公司区域工程项目招标中标平均价计列。综合材料价格按《电力建设工程装置性材料综合信息价（2021 年版）》计列。

（7）住房公积金和社会保险费按北京标准执行，分别按 12% 和 28.3%（含基本养老保险、失业保险、基本医疗保险、生育保险、工伤保险）计取。

（8）甲供设备材料增值税税金按 13% 计列，乙供设备材料及施工增值税税金按 9% 计列，设计、监理、咨询等技术服务增值税税金按 6% 计列。

（9）取费表取费基数及费率见附录 A，其他费用取费基数及费率见附录 B，建筑材料价格见附录 C。

3.3　典型造价编制相关说明

典型造价编制过程中通过广泛调研，明确了各专业设计方案的主要技术条件，确定了工程造价的编制原则及依据，具体如下：

（1）各典型造价技术方案中的环境条件按北京地区典型条件考虑，各参数假定条件为地形：平原；地貌：Ⅲ类土；海拔：2000m 以下；气温 -20～45℃；污秽等级：Ⅳ。

（2）建筑材料按不含税价考虑，电气设备：主要材料按含税价考虑。

（3）设备、配件按供货至现场考虑，按设备、配件价格及相应计提比例计列卸车费，施工现场的配件保管费已在临时设施费和企业管理费等费用中综合考虑。

（4）设计费除计列基本设计费外，同时计列了施工图预算编制费和竣工图文件编制费，施工图预算编制若由施工队伍编制，则不应列入设计费中。

（5）多次进场增加费考虑综合情况，实际进出场次数按 1 次考虑。

（6）总费用中不计列基本预备费。

（7）"典型方案工程量表"与"典型方案电气设备材料表"中"序号"列显示内容包含项目划分的序号、定额编码、物料编码。其中项目划分的序号、定额编码与《预规》及定额保持一致。

（8）根据《预规》与定额要求需对定额进行调整时，在定额序号前标"调"，同时分别注明人材机的调整系数，其中"R"表示人工费，"C"表示材料费，"J"表示机械费。根据实际情况，没有与实际工作内容完全一致的定额时，需套用相关定额或其他定额时，在定额序号前标"参"，根据实际情况，定额中的人材机与定额子目明细不同时，套用此定额需在定额序号前加"换"。

3.4　典型造价编码规则

典型方案编码含义：

典型方案编码规则分别见表 3－1～表 3－3。

表 3－1　　　　　　　　　　专 业 分 类 编 码 规 则

专业分类	变电	输电	配电	通信	继电保护	自动化
技改代码	A	B	C	D	E	F
检修代码	XA	XB	XC	XD	/	/

表 3－2　　　　　　　　　　工 程 类 别 编 码 规 则

工程类别	检修杆塔	检修导地线	检修绝缘子串	检修基础
代码	1	2	3	4
工程类别	检修附件	检修电缆附属设备	检修电缆附属设施	检修电缆通道
代码	5	6	7	8

表 3－3　　　　　　　　　　序 号 编 码 规 则

流水号	1	2	3	…	N	$N+1$

3.5　典型造价一览表

典型造价一览表为本册方案总览，包含方案编码、方案名称、方案规模、方案投资、甲供装置性材料费，详见表 3－4。

表 3－4　　　　　　　　　　输电专业典型造价一览表

方案编码	方案名称	方案规模	方案投资	其中：甲供装置性材料费
XB	输电专业			
XB1	检修杆塔		万元	万元
XB1－1	杆塔防腐	1t	0.12	0.03
XB1－2	更换 35～110kV 杆塔拉线	1 根	0.17	0.06
XB1－3	更换 220～500kV 杆塔拉线	1 根	0.22	0.10
XB2	检修导地线		万元	万元
XB2－1	更换 220kV 跳线引流线	1 相	0.38	0.13

续表

方案编码	方案名称	方案规模	方案投资	其中：甲供装置性材料费
XB2－2	更换 500kV 跳线引流线	1 相	1.68	0.70
XB2－3	220kV 导线断股绑扎	1 处	0.26	0.02
XB2－4	500kV 导线断股绑扎	1 处	0.32	0.02
XB2－5	220kV 地线断股绑扎	1 处	0.26	0.02
XB2－6	500kV 地线断股绑扎	1 处	0.32	0.02
XB3	检修绝缘子串		万元	万元
XB3－1	更换 35kV 直线复合绝缘子串	单联悬垂串 1 串	0.04	0.03
XB3－2	更换 110kV 直线复合绝缘子串	单联悬垂串 1 串	0.09	0.06
XB3－3	更换 220kV 直线复合绝缘子串	单联悬垂串 1 串	0.12	0.09
XB3－4	更换 500kV 直线复合绝缘子串	单联悬垂串 1 串	0.8	0.66
XB3－5	更换 500kV 悬垂零值、自爆绝缘子	1 片	0.21	0.02
XB3－6	更换 35kV 耐张复合绝缘子串	双联耐张串 1 串	0.30	0.09
XB3－7	更换 110kV 耐张复合绝缘子串	双联耐张串 1 串	0.50	0.16
XB3－8	更换 220kV 耐张复合绝缘子串	双联耐张串 1 串	0.92	0.33
XB3－9	更换 500kV 耐张复合绝缘子串	双联耐张串 1 串	3.25	1.82
XB3－10	更换 500kV 耐张零值、自爆绝缘子	1 片	0.28	0.03
XB4	检修基础		万元	万元
XB4－1	护坡、挡土墙及排洪沟修复（钢筋混凝土）	1m³	0.6	0
XB4－2	护坡、挡土墙及排洪沟修复（浆砌砌筑）	1m³	0.05	0
XB4－3	220kV 杆塔基础保护帽大修	1 个	0.03	0
XB4－4	更换接地网	1 基	0.88	0
XB5	检修附件		万元	万元
XB5－1	更换 500kV 线路相间间隔棒	1 个	0.51	0.23
XB5－2	更换 500kV 线路导线间隔棒	1 个	0.05	0.03
XB5－3	更换 220kV 双分裂导线防振锤	2 个	0.05	0.03
XB5－4	220kV 导线安全备份线夹加装	1 相	0.41	0.32
XB5－5	更换防鸟刺	1 个	0.03	0.005
XB6	检修电缆附属设备		万元	万元
XB6－1	更换 220kV 交叉互联箱	1 台	0.65	0.45
XB6－2	更换 110kV 接地电缆	0.1km	1.28	1.02

续表

方案编码	方案名称	方案规模	方案投资	其中：甲供装置性材料费
XB6－3	更换220kV接地电缆	0.1km	2.18	1.81
XB7	检修电缆附属设施		万元	万元
XB7－1	更换电缆标识	1km	0.45	0.06
XB7－2	更换路径标识	1km	0.45	0.06
XB7－3	电缆防火	0.1km	1.87	0.40
XB8	检修电缆通道		万元	万元
XB8－1	电缆沟修复	10m	3.2	0.62
XB8－2	隧道防水堵漏	1m	0.5	0
XB8－3	更换井盖	1套	0.24	0.16

第二篇 典型方案造价

第4章 检修杆塔

典型方案说明 □--□

检修杆塔典型方案共 3 个：按照电压等级、检修内容分为杆塔防腐、更换杆塔拉线等典型方案。杆塔防腐方案为对 1 吨塔材进行防腐修理，除锈。更换杆塔拉线方案不包括拉线基础部分。

4.1 XB1-1 杆塔防腐

4.1.1 典型方案主要内容

本典型方案为对 1t 塔材进行防腐修理，内容包括材料运输；除锈；全塔刷底漆（二道）；待底漆干后，全塔刷面漆（二道）。

4.1.2 典型方案主要技术条件

典型方案 XB1-1 主要技术条件见表 4-1。

表 4-1 典型方案 XB1-1 主要技术条件

方案名称	工程主要技术条件	
杆塔防腐	电压等级	110～500kV
	型号规格	四氟碳型氟碳漆
	地形	100%平地
	气象条件	覆冰 10mm，基本风速 27m/s
	地质条件	100%普通土
	运距	人力 0.3km，汽车 10km

4.1.3 典型方案估算书

估算投资为总投资，编制依据按 3.2 要求。典型方案 XB1-1 估算书包括总估算汇总表、设备检修专业汇总估算表、其他费用估算表，分别见表 4-2～表 4-4。

表4-2 　　　　　　　　　　　　　典型方案 XB1-1 总估算汇总表 　　　　　　　　　　　金额单位：万元

序号	工程或费用名称	含税金额	占工程投资的比例（%）	不含税金额	可抵扣增值税金额
二	设备检修费	0.11	84.62	0.1	0.01
三	配件购置费				
	其中：编制基准期价差				
四	小计	0.11	84.62	0.1	0.01
五	其他费用	0.02	15.38		0.02
六	基本预备费				
七	工程总费用合计	0.13	100	0.12	0.01
	其中：可抵扣增值税金额	0.01			0.01
	其中：施工费	0.07	53.85	0.06	0.01

表4-3 　　　　　　　　　　　　典型方案 XB1-1 设备检修专业汇总估算表 　　　　　　　　　　金额单位：元

序号	工程或费用名称	设备检修费		配件购置费	合计
		检修费	未计价材料费		
	设备检修工程	737	336		1073
2	杆塔工程	737	336		1073
2.1	杆塔工程材料工地运输	18			18
2.2	杆塔组立	719	336		1055
2.2.2	铁塔、钢管杆防腐	719	336		1055
	合计	737	336		1073

表4-4 　　　　　　　　　　　　　典型方案 XB1-1 其他费用估算表 　　　　　　　　　　　金额单位：元

序号	工程或费用名称	编制依据及计算说明	合价
2	项目管理费		41
2.1	管理经费	设备检修费×0.75%	8
2.2	招标费	设备检修费×0.67%	7
2.3	工程监理费	设备检修费×2.4%	26
3	项目技术服务费		169
3.1	前期工作费	设备检修费×1.12%	12
3.2	工程勘察设计费		81
3.2.2	设计费	设计费×100%	81

续表

序号	工程或费用名称	编制依据及计算说明	合价
3.3	设计文件评审费		73
3.3.1	初步设计文件评审费	基本设计费×3.5%	35
3.3.2	施工图文件评审费	基本设计费×3.8%	38
3.4	结算文件审核费	设备检修费×0.29%	3
	合计		210

4.1.4 典型方案电气设备材料表

典型方案 XB1-1 电气设备材料见表 4-5。

表 4-5 典型方案 XB1-1 电气设备材料表

序号	设备或材料名称	单位	数量	备注
	架空线路工程			
一	设备检修工程			
2	杆塔工程			
2.1	杆塔防腐			
500138704	四氟碳型氟碳漆	kg	12	

4.1.5 典型方案工程量表

典型方案 XB1-1 工程量见表 4-6。

表 4-6 典型方案 XB1-1 工程量表

序号	项目名称	单位	数量	备注
	设备检修工程			
2	杆塔工程			
2.1	杆塔工程材料工地运输			
JYX1-22	人力运输 其他建筑安装材料	t·km	0.036	
JYX1-107	汽车运输 其他建筑安装材料 装卸	t	0.121	
JYX1-108	汽车运输 其他建筑安装材料 运输	t·km	1.212	
2.2	杆塔组立			
2.2.2	铁塔、钢管杆防腐			
XYX2-79	杆塔防腐 杆、塔防腐	t	1	

4.2 XB1-2 更换 35～110kV 杆塔拉线

4.2.1 典型方案主要内容

本典型方案为更换 1 根 35～110kV 杆塔拉线，内容包括材料运输；临时拉线安装及拆除；拆除旧拉线；安装新拉线。

4.2.2 典型方案主要技术条件

典型方案 XB1-2 主要技术条件见表 4-7。

表 4-7　　　　　　　　　　典型方案 XB1-2 主要技术条件

方案名称	工程主要技术条件	
更换 35～110kV 杆塔拉线	电压等级	35～110kV
	型号规格	GJ-100 钢绞线
	地形	100%平地
	气象条件	覆冰 10mm，基本风速 27m/s
	地质条件	100%普通土
	运距	人力 0.3km，汽车 10km

4.2.3 典型方案估算书

估算投资为总投资，编制依据按 3.2 要求。典型方案 XB1-2 估算书包括总估算汇总表、设备检修专业汇总估算表、其他费用估算表，分别见表 4-8～表 4-10。

表 4-8　　　　　　　　　　典型方案 XB1-2 总估算汇总表　　　　　　　　金额单位：万元

序号	工程或费用名称	含税金额	占工程投资的比例（%）	不含税金额	可抵扣增值税金额
二	设备检修费	0.15	83.33	0.14	0.01
三	配件购置费				
	其中：编制基准期价差				
四	小计	0.15	83.33	0.14	0.01
五	其他费用	0.03	16.67	0.03	
六	基本预备费				
七	工程总费用合计	0.18	100	0.17	0.01
	其中：可抵扣增值税金额	0.01			0.01
	其中：施工费	0.13	72.22	0.12	0.01

表4-9　　　　　典型方案 XB1-2 设备检修专业汇总估算表　　　　金额单位：元

| 序号 | 工程或费用名称 | 设备检修费 | | 配件购置费 | 合计 |
		检修费	未计价材料费		
	设备检修工程	869	674		1543
4	架线工程	869	674		1543
4.1	架线工程材料工地运输	25			25
4.4	其他架线工程	844	674		1518
	合计	869	674		1543

表4-10　　　　　　　典型方案 XB1-2 其他费用估算表　　　　　金额单位：元

序号	工程或费用名称	编制依据及计算说明	合价
2	项目管理费		59
2.1	管理经费	设备检修费×0.75%	12
2.2	招标费	设备检修费×0.67%	10
2.3	工程监理费	设备检修费×2.4%	37
3	项目技术服务费		211
3.1	前期工作费	设备检修费×1.12%	17
3.2	工程勘察设计费		116
3.2.2	设计费	设计费×100%	116
3.3	设计文件评审费		73
3.3.1	初步设计文件评审费	基本设计费×3.5%	35
3.3.2	施工图文件评审费	基本设计费×3.8%	38
3.4	结算文件审核费	设备检修费×0.29%	4
	合计		270

4.2.4　典型方案电气设备材料表

典型方案 XB1-2 电气设备材料见表4-11。

表4-11　　　　　　　　典型方案 XB1-2 电气设备材料表

序号	设备或材料名称	单位	数量	备注
	架空线路工程			
一	设备检修工程			
4	架线工程			

序号	设备或材料名称	单位	数量	备注
4.4	其他架线工程			
500067096	钢绞线 镀锌，100	t	0.052	
500020750	UT 型线夹 NUT－3，拉线金具	套	1	
500029691	NX 锲型线夹 NX－3，拉线金具	套	1	
500028316	钢线卡子 JK－3，拉线金具	只	4	

4.2.5 典型方案工程量表

典型方案 XB1－2 工程量见表 4－12。

表 4－12　　　　　　　　　　典型方案 XB1－2 工程量表

序号	项目名称	单位	数量	备注
	设备检修工程			
4	架线工程			
4.1	架线工程材料工地运输			
JYX1－13	人力运输 线材 每件重（kg）700 以内	t·km	0.017	
JYX1－19	人力运输 金具、绝缘子、零星钢材	t·km	0.016	
JYX1－83	汽车运输 线材 每件重 700kg 以内 装卸	t	0.057	
JYX1－84	汽车运输 线材 每件重 700kg 以内 运输	t·km	0.574	
JYX1－105	汽车运输 金具、绝缘子、零星钢材 装卸	t	0.053	
JYX1－106	汽车运输 金具、绝缘子、零星钢材 运输	t·km	0.534	
4.4	其他架线工程			
XYX2－45	拉线更换 拉线截面（mm²）150 以内	根	1	

4.3 XB1－3 更换 220～500kV 杆塔拉线

4.3.1 典型方案主要内容

本典型方案为更换 1 根 220～500kV 杆塔拉线，内容包括材料运输；临时拉线安装及拆除；拆除旧拉线；安装新拉线。

4.3.2 典型方案主要技术条件

典型方案 XB1－3 主要技术条件见表 4－13。

表4-13　　　　　　　　　　　典型方案 XB1-3 主要技术条件

方案名称	工程主要技术条件	
更换 220-500kV 杆塔拉线	电压等级	220-500kV
	型号规格	GJ-150 及以上钢绞线
	地形	100%平地
	气象条件	覆冰 10mm，基本风速 27m/s
	地质条件	100%普通土
	运距	人力 0.3km，汽车 10km

4.3.3　典型方案估算书

估算投资为总投资，编制依据按 3.2 要求。典型方案 XB1-3 估算书包括总估算汇总表、设备检修专业汇总估算表、其他费用估算表，分别见表4-14~表4-16。

表4-14　　　　　　　　　典型方案 XB1-3 总估算汇总表　　　　　　金额单位：万元

序号	工程或费用名称	含税金额	占工程投资的比例	不含税金额	可抵扣增值税金额
二	设备检修费	0.21	87.5%	0.19	0.02
三	配件购置费				
	其中：编制基准期价差				
四	小计	0.21	87.5%	0.19	0.02
五	其他费用	0.03	12.5%	0.03	
六	基本预备费				
七	工程总费用合计	0.24	100%	0.22	0.02
	其中：可抵扣增值税金额	0.02			0.02
	其中：施工费	0.08	33.33%	0.07	0.01

表4-15　　　　　　　　典型方案 XB1-3 设备检修专业汇总估算表　　　　金额单位：元

序号	工程或费用名称	设备检修费		配件购置费	合计
		检修费	未计价材料费		
	设备检修工程	843	1232		2075
4	架线工程	843	1232		2075
4.1	架线工程材料工地运输	40			40
4.4	其他架线工程	803	1232		2035
	合计	843	1232		2075

表 4-16　　　　　　　　　　　典型方案 XB1-3 其他费用估算表　　　　　　　　金额单位：元

序号	工程或费用名称	编制依据及计算说明	合价
2	项目管理费		79
2.1	管理经费	设备检修费×0.75%	16
2.2	招标费	设备检修费×0.67%	14
2.3	工程监理费	设备检修费×2.4%	50
3	项目技术服务费		259
3.1	前期工作费	设备检修费×1.12%	23
3.2	工程勘察设计费		157
3.2.2	设计费	设计费×100%	157
3.3	设计文件评审费		73
3.3.1	初步设计文件评审费	基本设计费×3.5%	35
3.3.2	施工图文件评审费	基本设计费×3.8%	38
3.4	结算文件审核费	设备检修费×0.29%	6
	合计		338

4.3.4　典型方案电气设备材料表

典型方案 XB1-3 电气设备材料表见表 4-17。

表 4-17　　　　　　　　　　典型方案 XB1-3 电气设备材料表

序号	设备或材料名称	单位	数量	备注
	架空线路工程			
一	设备检修工程			
4	架线工程			
4.4	其他架线工程			
500067096	钢绞线　镀锌，150	t	0.102	
500020750	UT 型线夹　NUT-3，拉线金具	套	4	
500020369	碗头挂板　联结金具，W-7B	套	1	
500026595	U 型挂环　联结金具，U-21	套	1	

4.3.5　典型方案工程量表

典型方案 XB1-3 工程量见表 4-18。

表 4-18 典型方案 **XB1-3** 工程量表

序号	项目名称	单位	数量	备注
	设备检修工程			
4	架线工程			
4.1	架线工程材料工地运输			
JYX1-13	人力运输 线材 每件重（kg）700 以内	t·km	0.034	
JYX1-19	人力运输 金具、绝缘子、零星钢材	t·km	0.014	
JYX1-83	汽车运输 线材 每件重 700kg 以内 装卸	t	0.113	
JYX1-84	汽车运输 线材 每件重 700kg 以内 运输	t·km	1.125	
JYX1-105	汽车运输 金具、绝缘子、零星钢材 装卸	t	0.047	
JYX1-106	汽车运输 金具、绝缘子、零星钢材 运输	t·km	0.469	
4.4	其他架线工程			
XYX2-45	拉线更换 拉线截面（mm²）150 以内	根	1	

第5章 检修导地线

典型方案说明 ▪--□

导地线典型方案共6个：按照电压等级和检修内容分为220kV和500kV更换跳线引流线、导线断股绑扎、地线断股绑扎等典型方案。

5.1 XB2-1 更换220kV跳线引流线

5.1.1 典型方案主要内容

本典型方案为更换220kV线路跳线引流线1相，内容包括材料运输、跳线引流线及附件拆装。

5.1.2 典型方案主要技术条件

典型方案XB2-1主要技术条件见表5-1。

表5-1 典型方案XB2-1主要技术条件

方案名称	工程主要技术条件	
更换220kV跳线	电压等级	220kV
	导线类型	钢芯铝绞线
	是否跨越	否
	规格型号	2×JL/G1A-400/35
	地形	100%平地
	气象条件	覆冰10mm，基本风速：27m/s
	地质条件	100%普通土
	运距	人力0.3km，汽车10km

5.1.3 典型方案估算书

估算投资为总投资，编制依据按3.2要求。典型方案XB2-1估算书包括总估算汇总表、设备检修专业汇总估算表、其他费用估算表，分别见表5-2～表5-4。

表5-2 典型方案XB2-1总估算汇总表 金额单位：万元

序号	工程或费用名称	含税金额	占工程投资的比例（%）	不含税金额	可抵扣增值税金额
二	设备检修费	0.37	88.1	0.33	0.04
三	配件购置费				
	其中：编制基准期价差	0.01	2.38	0.01	

续表

序号	工程或费用名称	含税金额	占工程投资的比例（%）	不含税金额	可抵扣增值税金额
四	小计	0.37	88.1	0.33	0.04
五	其他费用	0.05	11.9	0.05	
六	基本预备费				
七	工程总费用合计	0.42	100	0.38	0.04
	其中：可抵扣增值税金额	0.04			0.04
	其中：施工费	0.22	52.38	0.2	0.02

表 5-3　　　　　　　　　典型方案 XB2-1 设备检修专业汇总估算表　　　　　　　金额单位：元

序号	工程或费用名称	设备检修费		配件购置费	合计
		检修费	未计价材料费		
	设备检修工程	2198	1491		3689
4	架线工程	2198	1491		3689
4.1	架线工程材料工地运输	30			30
4.2	导地线架设	2168	1491		3659
	合计	2198	1491		3689

表 5-4　　　　　　　　　典型方案 XB2-1 其他费用估算表　　　　　　　金额单位：元

序号	工程或费用名称	编制依据及计算说明	合价
2	项目管理费		141
2.1	管理经费	设备检修费×0.75%	28
2.2	招标费	设备检修费×0.67%	25
2.3	工程监理费	设备检修费×2.4%	89
3	项目技术服务费		404
3.1	前期工作费	设备检修费×1.12%	41
3.2	工程勘察设计费		279
3.2.2	设计费	设计费×100%	279
3.3	设计文件评审费		73
3.3.1	初步设计文件评审费	基本设计费×3.5%	35
3.3.2	施工图文件评审费	基本设计费×3.8%	38
3.4	结算文件审核费	设备检修费×0.29%	11
	合计		545

5.1.4　典型方案电气设备材料表

典型方案 XB2-1 电气设备材料表见表 5-5。

表 5-5　　　　　　　　　　**典型方案 XB2-1 电气设备材料表**

序号	设备或材料名称	单位	数量	备注
	架空线路工程			
一	设备检修工程			
4	架线工程			
4.2	导地线架设			
500026707	钢芯铝绞线 JL/G1A-400/35	t	0.060	
500128383	间隔棒 FJG-220/27	个	4	

5.1.5　典型方案工程量表

典型方案 XB2-1 工程量见表 5-6。

表 5-6　　　　　　　　　　**典型方案 XB2-1 工程量表**

序号	项目名称	单位	数量	备注
	设备检修工程			
4	架线工程			
4.1	架线工程材料工地运输			
JYX1-16	人力运输 线材 每件重（kg）2000 以上	t·km	0.018	
JYX1-19	人力运输 金具、绝缘子、零星钢材	t·km	0.009	
JYX1-89	汽车运输 线材 每件重 4000kg 以内 装卸	t	0.061	
JYX1-90	汽车运输 线材 每件重 4000kg 以内 运输	t·km	0.606	
JYX1-105	汽车运输 金具、绝缘子、零星钢材 装卸	t	0.031	
JYX1-106	汽车运输 金具、绝缘子、零星钢材 运输	t·km	0.313	
4.2	导地线架设			
XYX4-62	跳线引流线更换 220kV 双分裂	单相	1	
XYX5-137	导线间隔棒更换 220kV	个	4	

5.2　XB2-2 更换 500kV 跳线引流线

5.2.1　典型方案主要内容

本典型方案为更换 500kV 跳线引流线 1 相，内容包括材料运输、跳线引流线及附件拆装。

5.2.2　典型方案主要技术条件

典型方案 XB2-2 主要技术条件见表 5-7。

表 5-7　　　　　　　　　　**典型方案 XB2-2 主要技术条件**

方案名称	工程主要技术条件	
更换 500kV 跳线引流线	电压等级	500kV
	导线类型	钢芯铝绞线
	是否跨越	否
	规格型号	4×JL/G1A-630/45
	地形	100%平地
	气象条件	覆冰 10mm，基本风速：27m/s
	地质条件	100%普通土
	运距	人力 0.3km，汽车 10km

5.2.3　典型方案估算书

估算投资为总投资，编制依据按 3.2 要求。典型方案 XB2-2 估算书包括总估算汇总表、设备检修专业汇总估算表、其他费用估算表，分别见表 5-8～表 5-10。

表 5-8　　　　　　　　　　**典型方案 XB2-2 总估算汇总表**　　　　　金额单位：万元

序号	工程或费用名称	含税金额	占工程投资的比例（%）	不含税金额	可抵扣增值税金额
二	设备检修费	1.63	88.11	1.47	0.16
三	配件购置费				
	其中：编制基准期价差	0.03	1.62	0.03	
四	小计	1.63	88.11	1.47	0.16
五	其他费用	0.22	11.89	0.21	0.01
六	基本预备费				
七	工程总费用合计	1.85	100	1.68	0.17
	其中：可抵扣增值税金额	0.17			0.17
	其中：施工费	0.83	44.86	0.76	0.07

表 5-9　　　　　　　　　　**典型方案 XB2-2 设备检修专业汇总估算表**　　　　　金额单位：元

序号	工程或费用名称	设备检修费		配件购置费	合计
		检修费	未计价材料费		
	设备检修工程	8343	7969		16312

序号	工程或费用名称	设备检修费		配件购置费	合计
		检修费	未计价材料费		
4	架线工程	8343	7969		16312
4.1	架线工程材料工地运输	116			116
4.2	导地线架设	8227	7969		16196
7	拆除项目	8343	7969		16312
	合计	8343	7969		16312

表 5-10　　　　　　　　　典型方案 XB2-2 其他费用估算表　　　　　　金额单位：元

序号	工程或费用名称	编制依据及计算说明	合价
2	项目管理费		623
2.1	管理经费	设备检修费×0.75%	122
2.2	招标费	设备检修费×0.67%	109
2.3	工程监理费	设备检修费×2.4%	391
3	项目技术服务费		1551
3.1	前期工作费	设备检修费×1.12%	183
3.2	工程勘察设计费		1232
3.2.2	设计费	设计费×100%	1232
3.3	设计文件评审费		90
3.3.1	初步设计文件评审费	基本设计费×3.5%	43
3.3.2	施工图文件评审费	基本设计费×3.8%	47
3.4	结算文件审核费	设备检修费×0.29%	47
	合计		2175

5.2.4　典型方案电气设备材料表

典型方案 XB2-2 电气设备材料表见表 5-11。

表 5-11　　　　　　　　　　典型方案 XB2-2 电气设备材料表

序号	设备或材料名称	单位	数量	备注
	架空线路工程			
一	设备检修工程			
4	架线工程			

序号	设备或材料名称	单位	数量	备注
4.2	导地线架设			
500014616	钢芯铝绞线　JL/G1A－630/45	t	0.269	
500090343	间隔棒　FJZS－450/34B	个	5	

5.2.5　典型方案工程量表

典型方案 XB2-2 工程量见表 5－12。

表 5－12　　　　　　　　　　典型方案 XB2-2 工程量表

序号	项目名称	单位	数量	备注
	设备检修工程			
4	架线工程			
4.1	架线工程材料工地运输			
JYX1－16	人力运输　线材　每件重（kg）2000 以上	t・km	0.082	
JYX1－19	人力运输　金具、绝缘子、零星钢材	t・km	0.012	
JYX1－89	汽车运输　线材　每件重　4000kg 以内　装卸	t	0.272	
JYX1－90	汽车运输　线材　每件重　4000kg 以内　运输	t・km	2.717	
JYX1－105	汽车运输　金具、绝缘子、零星钢材　装卸	t	0.039	
JYX1－106	汽车运输　金具、绝缘子、零星钢材　运输	t・km	0.391	
4.2	导地线架设			
调 XYX4－66 R×1.6 J×1.6	跳线引流线更换±500kV、500kV　四分裂	单相（单极）	1	
调 XYX5－139 R×1.6 J×1.6	导线间隔棒更换±500kV、500kV	个	5	

5.3　XB2-3　220kV 导线断股绑扎

5.3.1　典型方案主要内容

本典型方案为绑扎 1 处 220kV 导线断股，内容包括预绞丝材料运输，检查及安装施工。

5.3.2　典型方案主要技术条件

典型方案 XB2-3 主要技术条件见表 5－13。

表 5－13　　　　　　　**典型方案 XB2－3 主要技术条件**

方案名称	工程主要技术条件	
220kV 导线断股绑扎	电压等级	220kV
	导线类型	导线
	规格型号	与 JL/G1A－400/35 相配套的预绞式导线接续条
	地形	100%平地
	气象条件	覆冰 10mm，基本风速：27m/s
	地质条件	100%普通土
	运距	人力 0.3km，汽车 10km

5.3.3　典型方案估算书

估算投资为总投资，编制依据按 3.2 要求。典型方案 XB2－3 估算书包括总估算汇总表、设备检修专业汇总估算表、其他费用估算表，分别见表 5－14～表 5－16。

表 5－14　　　　　　　**典型方案 XB2－3 总估算汇总表**　　　　金额单位：万元

序号	工程或费用名称	含税金额	占工程投资的比例（%）	不含税金额	可抵扣增值税金额
二	设备检修费	0.24	85.71	0.22	0.02
三	配件购置费				
	其中：编制基准期价差	0.01	3.57	0.01	
四	小计	0.24	85.71	0.22	0.02
五	其他费用	0.04	14.29	0.04	
六	基本预备费				
七	工程总费用合计	0.28	100	0.26	0.02
	其中：可抵扣增值税金额	0.02			0.02
	其中：施工费	0.22	78.57	0.2	0.02

表 5－15　　　　　　　**典型方案 XB2－3 设备检修专业汇总估算表**　　　　金额单位：元

序号	工程或费用名称	设备检修费		配件购置费	合计
		检修费	未计价材料费		
	设备检修工程	2184	216		2400
4	架线工程	2184	216		2400
4.1	架线工程材料工地运输	5			5
4.2	导地线架设	2179	216		2395
	合计	2184	216		2400

表 5-16　　　　　　　　　　　**典型方案 XB2-3 其他费用估算表**　　　　　　金额单位：元

序号	工程或费用名称	编制依据及计算说明	合价
2	项目管理费		92
2.1	管理经费	设备检修费×0.75%	18
2.2	招标费	设备检修费×0.67%	16
2.3	工程监理费	设备检修费×2.4%	58
3	项目技术服务费		288
3.1	前期工作费	设备检修费×1.12%	27
3.2	工程勘察设计费		181
3.2.2	设计费	设计费×100%	181
3.3	设计文件评审费		73
3.3.1	初步设计文件评审费	基本设计费×3.5%	35
3.3.2	施工图文件评审费	基本设计费×3.8%	38
3.4	结算文件审核费	设备检修费×0.29%	7
	合计		380

5.3.4　典型方案电气设备材料表

典型方案 XB2-3 电气设备材料表见表 5-17。

表 5-17　　　　　　　　　　　**典型方案 XB2-3 电气设备材料表**

序号	设备或材料名称	单位	数量	备注
	架空线路工程			
一	设备检修工程			
4	架线工程			
4.2	导地线架设			
500142075	预绞丝修补条	组	1	

5.3.5　典型方案工程量表

典型方案 XB2-3 工程量见表 5-18。

表 5-18　　　　　　　　　　　**典型方案 XB2-3 工程量表**

序号	项目名称	单位	数量	备注
	设备检修工程			
4	架线工程			

续表

序号	项目名称	单位	数量	备注
4.1	架线工程材料工地运输			
JYX1-19	人力运输 金具、绝缘子、零星钢材	t·km	0.007	
JYX1-105	汽车运输 金具、绝缘子、零星钢材 装卸	t	0.022	
JYX1-106	汽车运输 金具、绝缘子、零星钢材 运输	t·km	0.217	
4.2	导地线架设			
调 XYX4-5 R×1.6 J×1.6	导线、避雷线断股绑扎 220kV	处	1	

5.4　XB2-4　500kV 导线断股绑扎

5.4.1　典型方案主要内容

本典型方案为绑扎 1 处 500kV 导线断股，内容包括预绞丝材料运输，检查及安装施工。

5.4.2　典型方案主要技术条件

典型方案 XB2-4 主要技术条件见表 5-19。

表 5-19　　　　　　　　　典型方案 XB2-4 主要技术条件

方案名称	工程主要技术条件	
	电压等级	500kV
	导线类型	导线
	规格型号	与 JL/G1A-630/45 相配套的 预绞式导线接续条
500kV 导线断股绑扎	地形	100%平地
	气象条件	覆冰 10mm，基本风速：27m/s
	地质条件	100%普通土
	运距	人力 0.3km，汽车 10km

5.4.3　典型方案估算书

估算投资为总投资，编制依据按 3.2 要求。典型方案 XB2-4 估算书包括总估算汇总表、设备检修专业汇总估算表、其他费用估算表，分别见表 5-20～表 5-22。

表 5-20　　　　　　　　典型方案 XB2-4 总估算汇总表　　　　　金额单位：万元

序号	工程或费用名称	含税金额	占工程投资的比例（%）	不含税金额	可抵扣增值税金额
二	设备检修费	0.3	85.71	0.27	0.03
三	配件购置费				
	其中：编制基准期价差	0.01	2.86	0.01	
四	小计	0.3	85.71	0.27	0.03
五	其他费用	0.05	14.29	0.05	
六	基本预备费				
七	工程总费用合计	0.35	100	0.32	0.03
	其中：可抵扣增值税金额	0.03			0.03
	其中：施工费	0.28	80	0.26	0.02

表 5-21　　　　　　典型方案 XB2-4 设备检修专业汇总估算表　　　金额单位：元

序号	工程或费用名称	设备检修费		配件购置费	合计
		检修费	未计价材料费		
	设备检修工程	2826	216		3042
4	架线工程	2826	216		3042
4.1	架线工程材料工地运输	5			5
4.2	导地线架设	2821	216		3037
	合计	2826	216		3042

表 5-22　　　　　　　典型方案 XB2-4 其他费用估算表　　　　金额单位：元

序号	工程或费用名称	编制依据及计算说明	合价
2	项目管理费		116
2.1	管理经费	设备检修费×0.75%	23
2.2	招标费	设备检修费×0.67%	20
2.3	工程监理费	设备检修费×2.4%	73
3	项目技术服务费		346
3.1	前期工作费	设备检修费×1.12%	34
3.2	工程勘察设计费		230
3.2.2	设计费	设计费×100%	230
3.3	设计文件评审费		73

序号	工程或费用名称	编制依据及计算说明	合价
3.3.1	初步设计文件评审费	基本设计费×3.5%	35
3.3.2	施工图文件评审费	基本设计费×3.8%	38
3.4	结算文件审核费	设备检修费×0.29%	9
	合计		462

5.4.4 典型方案电气设备材料表

典型方案 XB2-4 电气设备材料表见表 5-23。

表 5-23　　　　　　　　典型方案 XB2-4 电气设备材料表

序号	设备或材料名称	单位	数量	备注
	架空线路工程			
一	设备检修工程			
4	架线工程			
4.2	导地线架设			
500142075	预绞丝修补条	组	1	

5.4.5 典型方案工程量表

典型方案 XB2-4 工程量见表 5-24。

表 5-24　　　　　　　　典型方案 XB2-4 工程量表

序号	项目名称	单位	数量	备注
	设备检修工程			
4	架线工程			
4.1	架线工程材料工地运输			
JYX1-19	人力运输 金具、绝缘子、零星钢材	t·km	0.007	
JYX1-105	汽车运输 金具、绝缘子、零星钢材 装卸	t	0.022	
JYX1-106	汽车运输 金具、绝缘子、零星钢材 运输	t·km	0.217	
4.2	导地线架设			
调 XYX4-7 R×1.6 J×1.6	导线、避雷线断股绑扎±500kV、500kV	处	1	

5.5　XB2-5　220kV 地线断股绑扎

5.5.1　典型方案主要内容

本典型方案为绑扎 220kV 地线断股 1 处，内容包括预绞丝材料运输，检查及安装施工。

5.5.2　典型方案主要技术条件

典型方案 XB2-5 主要技术条件见表 5-25。

表 5-25　　　　　　　　　典型方案 XB2-5 主要技术条件

方案名称	工程主要技术条件	
220kV 地线断股绑扎	电压等级	220kV
	导线类型	地线
	规格型号	与 JLB40-100 配套的全张力接续条
	地形	100%平地
	气象条件	覆冰 10mm，基本风速：27m/s
	地质条件	100%普通土
	运距	人力 0.3km，汽车 10km

5.5.3　典型方案估算书

估算投资为总投资，编制依据按 3.2 要求。典型方案 XB2-5 估算书包括总估算汇总表、设备检修专业汇总估算表、其他费用估算表，分别见表 5-26～表 5-28。

表 5-26　　　　　　　　典型方案 XB2-5 总估算汇总表　　　　　　金额单位：万元

序号	工程或费用名称	含税金额	占工程投资的比例（%）	不含税金额	可抵扣增值税金额
二	设备检修费	0.24	85.71	0.22	0.02
三	配件购置费				
	其中：编制基准期价差	0.01	3.57	0.01	
四	小计	0.24	85.71	0.22	0.02
五	其他费用	0.04	14.29	0.04	
六	基本预备费				
七	工程总费用合计	0.28	100	0.26	0.02
	其中：可抵扣增值税金额	0.02			0.02
	其中：施工费	0.22	78.57	0.2	0.02

表 5-27   **典型方案 XB2-5 设备检修专业汇总估算表**   金额单位：元

序号	工程或费用名称	设备检修费		配件购置费	合计
		检修费	未计价材料费		
	设备检修工程	2184	216		2400
4	架线工程	2184	216		2400
4.1	架线工程材料工地运输	5			5
4.4	其他架线工程	2179	216		2395
	合计	2184	216		2400

表 5-28   **典型方案 XB2-5 其他费用估算表**   金额单位：元

序号	工程或费用名称	编制依据及计算说明	合价
2	项目管理费		92
2.1	管理经费	设备检修费×0.75%	18
2.2	招标费	设备检修费×0.67%	16
2.3	工程监理费	设备检修费×2.4%	58
3	项目技术服务费		288
3.1	前期工作费	设备检修费×1.12%	27
3.2	工程勘察设计费		181
3.2.2	设计费	设计费×100%	181
3.3	设计文件评审费		73
3.3.1	初步设计文件评审费	基本设计费×3.5%	35
3.3.2	施工图文件评审费	基本设计费×3.8%	38
3.4	结算文件审核费	设备检修费×0.29%	7
	合计		380

5.5.4　典型方案电气设备材料表

典型方案 XB2-5 电气设备材料表见表 5-29。

表 5-29   **典型方案 XB2-5 电气设备材料表**

序号	设备或材料名称	单位	数量	备注
	架空线路工程			
一	设备检修工程			
4	架线工程			
4.4	其他架线工程			
500142075	预绞丝修补条	组	1	

5.5.5　典型方案工程量表

典型方案 XB2-5 工程量见表 5-30。

表 5-30　　　　　　　　　　典型方案 XB2-5 工程量表

序号	项目名称	单位	数量	备注
	设备检修工程			
4	架线工程			
4.1	架线工程材料工地运输			
JYX1-19	人力运输 金具、绝缘子、零星钢材	t·km	0.007	
JYX1-105	汽车运输 金具、绝缘子、零星钢材 装卸	t	0.022	
JYX1-106	汽车运输 金具、绝缘子、零星钢材 运输	t·km	0.217	
4.4	其他架线工程			
调 XYX4-5 R×1.6 J×1.6	导线、避雷线断股绑扎 220kV	处	1	

5.6　XB2-6　500kV 地线断股绑扎

5.6.1　典型方案主要内容

本典型方案为绑扎 1 处 500kV 地线光缆外层断股，内容包括预绞丝材料运输，检查及安装施工。

5.6.2　典型方案主要技术条件

典型方案 XB2-6 主要技术条件见表 5-31。

表 5-31　　　　　　　　　　典型方案 XB2-6 主要技术条件

方案名称	工程主要技术条件	
500kV 地线断股绑扎	电压等级	500kV
	导线类型	地线
	规格型号	与 OPGW-150（72 芯）光缆配套的全张力接续条
	地形	100%平地
	气象条件	覆冰 10mm，基本风速：27m/s
	地质条件	100%普通土
	运距	人力 0.3km，汽车 10km

5.6.3 典型方案估算书

估算投资为总投资，编制依据按 3.2 要求。典型方案 XB2−6 估算书包括总估算汇总表、设备检修专业汇总估算表、其他费用估算表，分别见表 5−32～表 5−34。

表 5−32 典型方案 XB2−6 总估算汇总表 金额单位：万元

序号	工程或费用名称	含税金额	占工程投资的比例（%）	不含税金额	可抵扣增值税金额
二	设备检修费	0.3	85.71	0.27	0.03
三	配件购置费				
	其中：编制基准期价差	0.01	2.86	0.01	
四	小计	0.3	85.71	0.27	0.03
五	其他费用	0.05	14.29	0.05	
六	基本预备费				
七	工程总费用合计	0.35	100	0.32	0.03
	其中：可抵扣增值税金额	0.03			0.03
	其中：施工费	0.28	80	0.26	0.02

表 5−33 典型方案 XB2−6 设备检修专业汇总估算表 金额单位：元

序号	工程或费用名称	设备检修费		配件购置费	合计
		检修费	未计价材料费		
	设备检修工程	2781	216		2997
4	架线工程	2781	216		2997
4.1	架线工程材料工地运输	4			4
4.4	其他架线工程	2776	216		2992
	合计	2781	216		2997

表 5−34 典型方案 XB2−6 其他费用估算表 金额单位：元

序号	工程或费用名称	编制依据及计算说明	合价
2	项目管理费		114
2.1	管理经费	设备检修费×0.75%	22
2.2	招标费	设备检修费×0.67%	20
2.3	工程监理费	设备检修费×2.4%	72
3	项目技术服务费		342
3.1	前期工作费	设备检修费×1.12%	34

续表

序号	工程或费用名称	编制依据及计算说明	合价
3.2	工程勘察设计费		226
3.2.2	设计费	设计费×100%	226
3.3	设计文件评审费		73
3.3.1	初步设计文件评审费	基本设计费×3.5%	35
3.3.2	施工图文件评审费	基本设计费×3.8%	38
3.4	结算文件审核费	设备检修费×0.29%	9
	合计		456

5.6.4　典型方案电气设备材料表

典型方案 XB2－6 电气设备材料表见表 5－35。

表 5－35　　　　　　　　　**典型方案 XB2－6 电气设备材料表**

序号	设备或材料名称	单位	数量	备注
	架空线路工程			
一	设备检修工程			
4	架线工程			
4.4	其他架线工程			
500142075	预绞丝修补条	组	1	

5.6.5　典型方案工程量表

典型方案 XB2－6 工程量见表 5－36。

表 5－36　　　　　　　　　**典型方案 XB2－6 工程量表**

序号	项目名称	单位	数量	备注
	设备检修工程			
4	架线工程			
4.1	架线工程材料工地运输			
JYX1－19	人力运输 金具、绝缘子、零星钢材	t·km	0.007	
JYX1－105	汽车运输 金具、绝缘子、零星钢材 装卸	t	0.022	
JYX1－106	汽车运输 金具、绝缘子、零星钢材 运输	t·km	0.217	
4.4	其他架线工程			
调 XYX4－7 R×1.6 J×1.6	导线、避雷线断股绑扎±500kV、500kV	处	1	

第6章 检修绝缘子串

典型方案说明 ▫-------------------------------------▫

　　更换绝缘子典型方案共10个:按照电压等级、绝缘子类型和检修内容分为更换35～500kV直线复合绝缘子串;更换35～500kV耐张复合绝缘子串;单片更换500kV悬垂零值、自爆绝缘子和单片更换500kV耐张零值、自爆绝缘子。

6.1 XB3-1 更换35kV直线复合绝缘子串

6.1.1 典型方案主要内容

本典型方案为更换1串35kV直线复合绝缘子串。内容包括:旧绝缘子串拆除;新绝缘子运输;新绝缘子串组装、检查及安装。

6.1.2 典型方案主要技术条件

典型方案XB3-1主要技术条件见表6-1。

表6-1　　　　　　　　　　　典型方案 XB3-1 主要技术条件

方案名称	工程主要技术条件	
更换 35kV 直线复合绝缘子串	电压等级	35kV
	规格型号	FXBW－35/70－2,670,1015
	气象条件	覆冰 10mm,基本风速:27m/s
	地质条件	100%普通土
	运距	人力 0.3km,汽车 10km

6.1.3 典型方案估算书

估算投资为总投资,编制依据按3.2要求。典型方案XB3-1估算书包括总估算汇总表、设备检修专业汇总估算表、其他费用估算表,分别见表6-2～表6-4。

表6-2　　　　　　　　　典型方案 XB3-1 总估算汇总表　　　　　　　　金额单位:万元

序号	工程或费用名称	含税金额	占工程投资的比例(%)	不含税金额	可抵扣增值税金额
二	设备检修费	0.04	80	0.03	0.01
三	配件购置费				
	其中:编制基准期价差				
四	小计	0.04	80	0.03	0.01
五	其他费用	0.01	20	0.01	

续表

序号	工程或费用名称	含税金额	占工程投资的比例（%）	不含税金额	可抵扣增值税金额
六	基本预备费				
七	工程总费用合计	0.05	100	0.04	0.01
	其中：可抵扣增值税金额	0.01			0.01
	其中：施工费	0.01	20	0.01	

表 6-3　　　　　　　**典型方案 XB3-1 设备检修专业汇总估算表**　　　　　金额单位：元

序号	工程或费用名称	设备检修费		配件购置费	合计
		检修费	未计价材料费		
	设备检修工程	53	394		447
5	附件工程	53	394		447
5.1	附件安装工程材料工地运输	7			7
5.2	绝缘子串及金具安装	46	394		440
5.2.2	悬垂绝缘子串及金具安装	46	394		440
	合计	53	394		447

表 6-4　　　　　　　　**典型方案 XB3-1 其他费用估算表**　　　　　金额单位：元

序号	工程或费用名称	编制依据及计算说明	合价
2	项目管理费		17
2.1	管理经费	设备检修费×0.75%	3
2.2	招标费	设备检修费×0.67%	3
2.3	工程监理费	设备检修费×2.4%	11
3	项目技术服务费		113
3.1	前期工作费	设备检修费×1.12%	5
3.2	工程勘察设计费		34
3.2.2	设计费	设计费×100%	34
3.3	设计文件评审费		73
3.3.1	初步设计文件评审费	基本设计费×3.5%	35
3.3.2	施工图文件评审费	基本设计费×3.8%	38
3.4	结算文件审核费	设备检修费×0.29%	1
	合计		130

6.1.4　典型方案电气设备材料表

典型方案 XB3-1 电气设备材料表见表 6-5。

表 6-5　　　　　　　　　　　典型方案 XB3-1 电气设备材料表

序号	设备或材料名称	单位	数量	备注
	架空线路工程			
一	附件及金具			
5	附件工程			
5.2	绝缘子串及金具安装			
5.2.2	悬垂绝缘子串及金具安装			
500125618	35kV 导线悬垂通用，03XC11-00-07P（H）-3A	套	1	
500122829	交流棒形悬式复合绝缘子 FXBW-35/70-2，670，1015	支	1	

6.1.5　典型方案工程量表

典型方案 XB3-1 工程量见表 6-6。

表 6-6　　　　　　　　　　　典型方案 XB3-1 工程量表

序号	项目名称	单位	数量	备注
	设备检修工程			
5	附件工程			
5.1	附件安装工程材料工地运输			
JYX1-19	人力运输 金具、绝缘子、零星钢材	t·km	0.011	
JYX1-105	汽车运输 金具、绝缘子、零星钢材 装卸	t	0.036	
JYX1-106	汽车运输 金具、绝缘子、零星钢材 运输	t·km	0.362	
5.2	绝缘子串及金具安装			
5.2.2	悬垂绝缘子串安装			
调 XYX5-3 R×1.6 J×1.6	悬垂绝缘子串更换 35kV 单串	串	1	

6.2　XB3-2 更换 110kV 直线复合绝缘子串

6.2.1　典型方案主要内容

本典型方案为更换 1 串 110kV 直线复合绝缘子串。内容包括：旧绝缘子串拆除；新绝缘子运输；新绝缘子串组装、检查及安装。

6.2.2　典型方案主要技术条件

典型方案 XB3-2 主要技术条件见表 6-7。

表 6-7　　　　　　　　　　　典型方案 XB3-2 主要技术条件

方案名称	工程主要技术条件	
更换 110kV 直线复合绝缘子串	电压等级	110kV
	规格型号	FXBW-110/120-2，1240，3150
	气象条件	覆冰 10mm，基本风速：27m/s
	地质条件	100%普通土
	运距	人力 0.3km，汽车 10km

6.2.3　典型方案估算书

估算投资为总投资，编制依据按 3.2 要求。典型方案 XB3-2 估算书包括总估算汇总表、设备检修专业汇总估算表、其他费用估算表，分别见表 6-8～表 6-10。

表 6-8　　　　　　　　　　典型方案 XB3-2 总估算汇总表　　　　金额单位：万元

序号	工程或费用名称	含税金额	占工程投资的比例（%）	不含税金额	可抵扣增值税金额
二	设备检修费	0.08	80	0.07	0.01
三	配件购置费				
	其中：编制基准期价差				
四	小计	0.08	80	0.07	0.01
五	其他费用	0.02	20	0.02	
六	基本预备费				
七	工程总费用合计	0.1	100	0.09	0.01
	其中：可抵扣增值税金额	0.01			0.01
	其中：施工费	0.01	10	0.01	

表 6-9　　　　　　　　　典型方案 XB3-2 设备检修专业汇总估算表　　　　金额单位：元

序号	工程或费用名称	设备检修费		配件购置费	合计
		检修费	未计价材料费		
	设备检修工程	128	648		776
5	附件工程	128	648		776
5.1	附件安装工程材料工地运输	9			9
5.2	绝缘子串及金具安装	119	648		767
5.2.2	悬垂绝缘子串及金具安装	119	648		767
	合计	128	648		776

表 6-10　　　　　　　　　　典型方案 XB3-2 其他费用估算表　　　　　　　金额单位：元

序号	工程或费用名称	编制依据及计算说明	合价
2	项目管理费		30
2.1	管理经费	设备检修费×0.75%	6
2.2	招标费	设备检修费×0.67%	5
2.3	工程监理费	设备检修费×2.4%	19
3	项目技术服务费		143
3.1	前期工作费	设备检修费×1.12%	9
3.2	工程勘察设计费		59
3.2.2	设计费	设计费×100%	59
3.3	设计文件评审费		73
3.3.1	初步设计文件评审费	基本设计费×3.5%	35
3.3.2	施工图文件评审费	基本设计费×3.8%	38
3.4	结算文件审核费	设备检修费×0.29%	2
	合计		172

6.2.4　典型方案电气设备材料表

典型方案 XB3-2 电气设备材料表见表 6-11。

表 6-11　　　　　　　　　　典型方案 XB3-2 电气设备材料表

序号	设备或材料名称	单位	数量	备注
	架空线路工程			
一	附件及金具			
5	附件工程			
5.2	绝缘子串及金具安装			
5.2.2	悬垂绝缘子串及金具安装			
500121030	110kV 导线悬垂通用，1XD11-0000-07P（H）-1A 铝	套	1	
500122813	交流棒形悬式复合绝缘子 FXBW-110/120-2，1240，3150	支	1	

6.2.5　典型方案工程量表

典型方案 XB3-2 工程量见表 6-12。

表 6-12　　　　　　　　　　　典型方案 XB3-2 工程量表

序号	项目名称	单位	数量	备注
	设备检修工程			
5	附件工程			
5.1	附件安装工程材料工地运输			
JYX1-19	人力运输 金具、绝缘子、零星钢材	t·km	0.014	
JYX1-105	汽车运输 金具、绝缘子、零星钢材 装卸	t	0.047	
JYX1-106	汽车运输 金具、绝缘子、零星钢材 运输	t·km	0.471	
5.2	绝缘子串及金具安装			
5.2.2	悬垂绝缘子串安装			
调 XYX5-5 R×1.6 J×1.6	悬垂绝缘子串更换 110kV I 型单联串	串	1	

6.3　XB3-3 更换 220kV 直线复合绝缘子串

6.3.1　典型方案主要内容

本典型方案为更换 1 套 220kV 直线复合绝缘子串。内容包括：旧绝缘子串拆除；新绝缘子运输；新绝缘子串组装、检查及安装。

6.3.2　典型方案主要技术条件

典型方案 XB3-3 主要技术条件见表 6-13。

表 6-13　　　　　　　　　典型方案 XB3-3 主要技术条件

方案名称	工程主要技术条件	
更换 220kV 直线复合绝缘子串	电压等级	220kV
	规格型号	FXBW-220/120-3，2470，7040
	气象条件	覆冰 10mm，基本风速：27m/s
	地质条件	100%普通土
	运距	人力 0.3km，汽车 10km

6.3.3　典型方案估算书

估算投资为总投资，编制依据按 3.2 要求。典型方案 XB3-3 估算书包括总估算汇总表、设备检修专业汇总估算表、其他费用估算表，分别见表 6-14～表 6-16。

表 6-14 　　　　　　　　　典型方案 XB3-3 总估算汇总表 　　　　　　　金额单位：万元

序号	工程或费用名称	含税金额	占工程投资的比例（%）	不含税金额	可抵扣增值税金额
二	设备检修费	0.11	84.62	0.1	0.01
三	配件购置费				
	其中：编制基准期价差				
四	小计	0.11	84.62	0.1	0.01
五	其他费用	0.02	15.38	0.02	
六	基本预备费				
七	工程总费用合计	0.13	100	0.12	0.01
	其中：可抵扣增值税金额	0.01			0.01
	其中：施工费	0.02	15.38	0.02	

表 6-15 　　　　　　　典型方案 XB3-3 设备检修专业汇总估算表 　　　　　金额单位：元

序号	工程或费用名称	设备检修费		配件购置费	合计
		检修费	未计价材料费		
	设备检修工程	172	975		1147
5	附件工程	172	975		1147
5.1	附件安装工程材料工地运输	15			15
5.2	绝缘子串及金具安装	157	975		1132
5.2.2	悬垂绝缘子串及金具安装	157	975		1132
	合计	172	975		1147

表 6-16 　　　　　　　　　典型方案 XB3-3 其他费用估算表 　　　　　　　金额单位：元

序号	工程或费用名称	编制依据及计算说明	合价
2	项目管理费		44
2.1	管理经费	设备检修费×0.75%	9
2.2	招标费	设备检修费×0.67%	8
2.3	工程监理费	设备检修费×2.4%	28
3	项目技术服务费		176
3.1	前期工作费	设备检修费×1.12%	13
3.2	工程勘察设计费		87
3.2.2	设计费	设计费×100%	87
3.3	设计文件评审费		73

续表

序号	工程或费用名称	编制依据及计算说明	合价
3.3.1	初步设计文件评审费	基本设计费×3.5%	35
3.3.2	施工图文件评审费	基本设计费×3.8%	38
3.4	结算文件审核费	设备检修费×0.29%	3
	合计		220

6.3.4 典型方案电气设备材料表

典型方案 XB3-3 电气设备材料表见表 6-17。

表 6-17　　　　　　　　　　典型方案 XB3-3 电气设备材料表

序号	设备或材料名称	单位	数量	备注
	架空线路工程			
一	附件及金具			
5	附件工程			
5.2	绝缘子串及金具安装			
5.2.2	悬垂绝缘子串及金具安装			
500119397	220kV 导线悬垂通用，2XZ11-4000-10P（H）-1A 铝	套	1	
500122838	交流棒形悬式复合绝缘子 FXBW-220/120-3，2470，7040	支	1	

6.3.5 典型方案工程量表

典型方案 XB3-3 工程量见表 6-18。

表 6-18　　　　　　　　　　典型方案 XB3-3 工程量表

序号	项目名称	单位	数量	备注
	设备检修工程			
5	附件工程			
5.1	附件安装工程材料工地运输			
JYX1-19	人力运输 金具、绝缘子、零星钢材	t·km	0.022	
JYX1-105	汽车运输 金具、绝缘子、零星钢材 装卸	t	0.075	
JYX1-106	汽车运输 金具、绝缘子、零星钢材 运输	t·km	0.748	
5.2	绝缘子串及金具安装			
5.2.2	悬垂绝缘子串及金具安装			
调 XYX5-8 R×1.6 J×1.6	悬垂绝缘子串更换 220kV I 型单联串	串	1	

6.4 XB3-4 更换 500kV 直线复合绝缘子串

6.4.1 典型方案主要内容

本典型方案为更换 1 套 500kV 直线复合绝缘子串。内容包括：旧绝缘子串拆除；新绝缘子运输；新绝缘子串组装、检查及安装。

6.4.2 典型方案主要技术条件

典型方案 XB3-4 主要技术条件见表 6-19。

表 6-19 典型方案 XB3-4 主要技术条件

方案名称	工程主要技术条件	
更换 500kV 直线复合绝缘子串	电压等级	500kV
	规格型号	FXBW-500/210-3，4900，16000
	气象条件	覆冰 10mm，基本风速：27m/s
	地质条件	100%普通土
	运距	人力 0.3km，汽车 10km

6.4.3 典型方案估算书

估算投资为总投资，编制依据按 3.2 要求。典型方案 XB3-4 估算书包括总估算汇总表、设备检修专业汇总估算表、其他费用估算表，分别见表 6-20~表 6-22。

表 6-20 典型方案 XB3-4 总估算汇总表 金额单位：万元

序号	工程或费用名称	含税金额	占工程投资的比例（%）	不含税金额	可抵扣增值税金额
二	设备检修费	0.79	87.78	0.7	0.09
三	配件购置费				
	其中：编制基准期价差				
四	小计	0.79	87.78	0.7	0.09
五	其他费用	0.11	12.22	0.1	0.01
六	基本预备费				
七	工程总费用合计	0.9	100	0.8	0.1
	其中：可抵扣增值税金额	0.1			0.1
	其中：施工费	0.04	4.44	0.04	

表 6-21　　　　　　　　　　**典型方案 XB3-4 设备检修专业汇总估算表**　　　　金额单位：元

序号	工程或费用名称	设备检修费		配件购置费	合计
		检修费	未计价材料费		
	设备检修工程	435	7439		7874
5	附件工程	435	7439		7874
5.1	附件安装工程材料工地运输	15			15
5.2	绝缘子串及金具安装	420	7439		7859
5.2.2	悬垂绝缘子串及金具安装	420	7439		7859
	合计	435	7439		7874

表 6-22　　　　　　　　　　**典型方案 XB3-4 其他费用估算表**　　　　金额单位：元

序号	工程或费用名称	编制依据及计算说明	合价
2	项目管理费		301
2.1	管理经费	设备检修费×0.75%	59
2.2	招标费	设备检修费×0.67%	53
2.3	工程监理费	设备检修费×2.4%	189
3	项目技术服务费		779
3.1	前期工作费	设备检修费×1.12%	88
3.2	工程勘察设计费		595
3.2.2	设计费	设计费×100%	595
3.3	设计文件评审费		73
3.3.1	初步设计文件评审费	基本设计费×3.5%	35
3.3.2	施工图文件评审费	基本设计费×3.8%	38
3.4	结算文件审核费	设备检修费×0.29%	23
	合计		1079

6.4.4　典型方案电气设备材料表

典型方案 XB3-4 电气设备材料表见表 6-23。

表 6-23　　　　　　　　　　**典型方案 XB3-4 电气设备材料表**

序号	设备或材料名称	单位	数量	备注
	架空线路工程			
一	附件及金具			
5	附件工程			
5.2	绝缘子串及金具安装			
5.2.2	悬垂绝缘子串及金具安装			
500120627	500kV 导线悬垂通用，5XC1K-45-16P	套	1	
500122852	交流棒形悬式复合绝缘子 FXBW-500/210-3，4900，16000	支	1	

6.4.5　典型方案工程量表

典型方案 XB3-4 工程量见表 6-24。

表 6-24　　　　　　　　　　　　　　典型方案 XB3-4 工程量表

序号	项目名称	单位	数量	备注
	设备检修工程			
5	附件工程			
5.1	附件安装工程材料工地运输			
JYX1-19	人力运输 金具、绝缘子、零星钢材	t·km	0.022	
JYX1-105	汽车运输 金具、绝缘子、零星钢材 装卸	t	0.075	
JYX1-106	汽车运输 金具、绝缘子、零星钢材 运输	t·km	0.748	
5.2	绝缘子串及金具安装			
5.2.2	悬垂绝缘子串及金具安装			
调 XYX5-16 R×1.6 J×1.6	悬垂绝缘子串更换±500、500kV I 型单联串	串	1	

6.5　XB3-5 更换 500kV 悬垂零值、自爆绝缘子

6.5.1　典型方案主要内容

本典型方案为更换 500kV 悬垂零值、自爆绝缘子。内容包括：旧绝缘子串拆除，旧导地线线夹拆除；新绝缘子设备及金具等材料运输；新绝缘子串组装、检查及安装施工。

6.5.2　典型方案主要技术条件

典型方案 XB3-5 主要技术条件见表 6-25。

表 6-25　　　　　　　　　　　　　典型方案 XB3-5 主要技术条件

方案名称	工程主要技术条件	
更换 500kV 悬垂零值、自爆绝缘子	电压等级	500kV
	规格型号	U160BP/155D，300，450
	气象条件	覆冰 10mm，基本风速：27m/s
	地质条件	100%普通土
	运距	人力 0.3km，汽车 10km

6.5.3　典型方案估算书

估算投资为总投资，编制依据按 3.2 要求。典型方案 XB3-5 估算书包括总估算汇总表、

设备检修专业汇总估算表、其他费用估算表，分别见表 6-26～表 6-28。

表 6-26　　　　　　　　　　　典型方案 XB3-5 总估算汇总表　　　　　金额单位：万元

序号	工程或费用名称	含税金额	占工程投资的比例（%）	不含税金额	可抵扣增值税金额
二	设备检修费	0.2	86.96	0.18	0.02
三	配件购置费				
	其中：编制基准期价差	0.01	4.35	0.01	
四	小计	0.2	86.96	0.18	0.02
五	其他费用	0.03	13.04	0.03	
六	基本预备费				
七	工程总费用合计	0.23	100	0.21	0.02
	其中：可抵扣增值税金额	0.02			0.02
	其中：施工费	0.19	82.61	0.17	0.02

表 6-27　　　　　　　　　　典型方案 XB3-5 设备检修专业汇总估算表　　　　金额单位：元

序号	工程或费用名称	设备检修费		配件购置费	合计
		检修费	未计价材料费		
	设备检修工程	1851	197		2048
5	附件工程	1851	197		2048
5.1	附件安装工程材料工地运输	2			2
5.2	绝缘子串及金具安装	1849	197		2046
5.2.2	悬垂绝缘子串及金具安装	1849	197		2046
	合计	1851	197		2048

表 6-28　　　　　　　　　　　典型方案 XB3-5 其他费用估算表　　　　　金额单位：元

序号	工程或费用名称	编制依据及计算说明	合价
2	项目管理费		78
2.1	管理经费	设备检修费×0.75%	15
2.2	招标费	设备检修费×0.67%	14
2.3	工程监理费	设备检修费×2.4%	49
3	项目技术服务费		256
3.1	前期工作费	设备检修费×1.12%	23
3.2	工程勘察设计费		155
3.2.2	设计费	设计费×100%	155

续表

序号	工程或费用名称	编制依据及计算说明	合价
3.3	设计文件评审费		73
3.3.1	初步设计文件评审费	基本设计费×3.5%	35
3.3.2	施工图文件评审费	基本设计费×3.8%	38
3.4	结算文件审核费	设备检修费×0.29%	6
	合计		335

6.5.4　典型方案电气设备材料表

典型方案 XB3–5 电气设备材料表见表 6–29。

表 6–29　　　　　　　　　典型方案 XB3–5 电气设备材料表

序号	设备或材料名称	单位	数量	备注
	架空线路工程			
一	附件及金具			
5	附件工程			
5.2	绝缘子串及金具安装			
5.2.2	悬垂绝缘子串及金具安装			
500122779	交流盘形悬式瓷绝缘子 U160BP/155D，300，450	片	1	

6.5.5　典型方案工程量表

典型方案 XB3–5 工程量见表 6–30。

表 6–30　　　　　　　　　典型方案 XB3–5 工程量表

序号	项目名称	单位	数量	备注
	设备检修工程			
5	附件工程			
5.1	附件安装工程材料工地运输			
JYX1–19	人力运输 金具、绝缘子、零星钢材	t·km	0.003	
JYX1–105	汽车运输 金具、绝缘子、零星钢材 装卸	t	0.011	
JYX1–106	汽车运输 金具、绝缘子、零星钢材 运输	t·km	0.110	
5.2	绝缘子串及金具安装			
5.2.2	悬垂绝缘子串及金具安装			
调 XYX5–89 R×1.6 J×1.6	悬垂零值、自爆绝缘子更换±500、500kV	片	1	

6.6　XB3-6　更换 35kV 耐张复合绝缘子串

6.6.1　典型方案主要内容

本典型方案为更换 1 套 35kV 耐张复合绝缘子串。内容包括：旧绝缘子串拆除；新绝缘子运输；新绝缘子串组装、检查及安装。

6.6.2　典型方案主要技术条件

典型方案 XB3-6 主要技术条件见表 6-31。

表 6-31　　　　　　　　　　典型方案 XB3-6 主要技术条件

方案名称	工程主要技术条件	
更换 35kV 耐张复合绝缘子串	电压等级	35kV
	规格型号	FXBW-35/70-2，670，1015
	气象条件	覆冰 10mm，基本风速：27m/s
	地质条件	100%普通土
	运距	人力 0.3km，汽车 10km

6.6.3　典型方案估算书

估算投资为总投资，编制依据按 3.2 要求。典型方案 XB3-6 估算书包括总估算汇总表、设备检修专业汇总估算表、其他费用估算表，分别见表 6-32~表 6-34。

表 6-32　　　　　　　　　　典型方案 XB3-6 总估算汇总表　　　　　　金额单位：万元

序号	工程或费用名称	含税金额	占工程投资的比例（%）	不含税金额	可抵扣增值税金额
二	设备检修费	0.29	87.88	0.26	0.03
三	配件购置费				
	其中：编制基准期价差	0.01	3.03	0.01	
四	小计	0.29	87.88	0.26	0.03
五	其他费用	0.04	12.12	0.04	
六	基本预备费				
七	工程总费用合计	0.33	100	0.3	0.03
	其中：可抵扣增值税金额	0.03			0.03
	其中：施工费	0.19	57.58	0.17	0.02

表 6-33   **典型方案 XB3-6 设备检修专业汇总估算表**   金额单位：元

序号	工程或费用名称	设备检修费		配件购置费	合计
		检修费	未计价材料费		
	设备检修工程	1919	971		2890
5	附件工程	1919	971		2890
5.1	附件安装工程材料工地运输	19			19
5.2	绝缘子串及金具安装	1900	971		2871
5.2.1	耐张绝缘子串及金具安装	1900	971		2871
	合计	1919	971		2890

表 6-34   **典型方案 XB3-6 其他费用估算表**   金额单位：元

序号	工程或费用名称	编制依据及计算说明	合价
2	项目管理费		110
2.1	管理经费	设备检修费×0.75%	22
2.2	招标费	设备检修费×0.67%	19
2.3	工程监理费	设备检修费×2.4%	69
3	项目技术服务费		332
3.1	前期工作费	设备检修费×1.12%	32
3.2	工程勘察设计费		218
3.2.2	设计费	设计费×100%	218
3.3	设计文件评审费		73
3.3.1	初步设计文件评审费	基本设计费×3.5%	35
3.3.2	施工图文件评审费	基本设计费×3.8%	38
3.4	结算文件审核费	设备检修费×0.29%	8
	合计		442

6.6.4 典型方案电气设备材料表

典型方案 XB3-6 电气设备材料表见表 6-35。

表 6-35   **典型方案 XB3-6 电气设备材料表**

序号	设备或材料名称	单位	数量	备注
	架空线路工程			
一	附件及金具			
5	附件工程			
5.2	绝缘子串及金具安装			

序号	设备或材料名称	单位	数量	备注
5.2.1	耐张绝缘子串及金具安装			
500125573	35kV 导线耐张通用 03N21Y－40－07P（H）Z（D）2A	套	1	
500122829	交流棒形悬式复合绝缘子 FXBW－35/70－2，670，1015	支	6	

6.6.5　典型方案工程量表

典型方案 XB3－6 工程量见表 6－36。

表 6－36　　　　　　　　　　　　典型方案 XB3－6 工程量表

序号	项目名称	单位	数量	备注
	设备检修工程			
5	附件工程			
5.1	附件安装工程材料工地运输			
JYX1－19	人力运输 金具、绝缘子、零星钢材	t·km	0.029	
JYX1－105	汽车运输 金具、绝缘子、零星钢材 装卸	t	0.096	
JYX1－106	汽车运输 金具、绝缘子、零星钢材 运输	t·km	0.955	
5.2	绝缘子串及金具安装			
5.2.1	耐张绝缘子串及金具安装			
调 XYX5－58 R×1.6 J×1.6	耐张绝缘子串更换 35kV	组	1	

6.7　XB3－7 更换 110kV 耐张复合绝缘子串

6.7.1　典型方案主要内容

本典型方案为更换 1 套 110kV 耐张复合绝缘子串。内容包括：旧绝缘子串拆除；新绝缘子运输；新绝缘子串组装、检查及安装。

6.7.2　典型方案主要技术条件

典型方案 XB3－7 主要技术条件见表 6－37。

表 6－37　　　　　　　　　　　　典型方案 XB3－7 主要技术条件

方案名称	工程主要技术条件	
更换 110kV 耐张复合绝缘子串	电压等级	110kV
	规格型号	FXBW－110/120－2，1240，3150
	气象条件	覆冰 10mm，基本风速：27m/s
	地质条件	100%普通土
	运距	人力 0.3km，汽车 10km

6.7.3 典型方案估算书

估算投资为总投资，编制依据按 3.2 要求。典型方案 XB3-7 估算书包括总估算汇总表、设备检修专业汇总估算表、其他费用估算表，分别见表 6-38~表 6-40。

表 6-38   典型方案 XB3-7 总估算汇总表   金额单位：万元

序号	工程或费用名称	含税金额	占工程投资的比例（%）	不含税金额	可抵扣增值税金额
二	设备检修费	0.47	87.04	0.43	0.04
三	配件购置费				
	其中：编制基准期价差	0.01	1.85	0.01	
四	小计	0.47	87.04	0.43	0.04
五	其他费用	0.07	12.96	0.07	
六	基本预备费				
七	工程总费用合计	0.54	100	0.5	0.04
	其中：可抵扣增值税金额	0.04			0.04
	其中：施工费	0.29	53.7	0.27	0.02

表 6-39   典型方案 XB3-7 设备检修专业汇总估算表   金额单位：元

序号	工程或费用名称	设备检修费		配件购置费	合计
		检修费	未计价材料费		
	设备检修工程	2882	1813		4695
5	附件工程	2882	1813		4695
5.1	附件安装工程材料工地运输	25			25
5.2	绝缘子串及金具安装	2857	1813		4670
5.2.1	耐张绝缘子串及金具安装	2857	1813		4670
	合计	2882	1813		4695

表 6-40   典型方案 XB3-7 其他费用估算表   金额单位：元

序号	工程或费用名称	编制依据及计算说明	合价
2	项目管理费		179
2.1	管理经费	设备检修费×0.75%	35
2.2	招标费	设备检修费×0.67%	31
2.3	工程监理费	设备检修费×2.4%	113
3	项目技术服务费		494

续表

序号	工程或费用名称	编制依据及计算说明	合价
3.1	前期工作费	设备检修费×1.12%	53
3.2	工程勘察设计费		354
3.2.2	设计费	设计费×100%	354
3.3	设计文件评审费		73
3.3.1	初步设计文件评审费	基本设计费×3.5%	35
3.3.2	施工图文件评审费	基本设计费×3.8%	38
3.4	结算文件审核费	设备检修费×0.29%	14
	合计		673

6.7.4　典型方案电气设备材料表

典型方案 XB3-7 电气设备材料表见表 6-41。

表 6-41　　　　　　　　典型方案 XB3-7 电气设备材料表

序号	设备或材料名称	单位	数量	备注
	架空线路工程			
一	附件及金具			
5	附件工程			
5.2	绝缘子串及金具安装			
5.2.1	耐张绝缘子串及金具安装			
500120805	110kV 导线耐张通用 1ND21Y-0040-07P（H）	套	1	
500122813	交流棒形悬式复合绝缘子 FXBW-110/120-2，1240，3150	支	6	

6.7.5　典型方案工程量表

典型方案 XB3-7 工程量见表 6-42。

表 6-42　　　　　　　　典型方案 XB3-7 工程量表

序号	项目名称	单位	数量	备注
	设备检修工程			
5	附件工程			
5.1	附件安装工程材料工地运输			
JYX1-19	人力运输 金具、绝缘子、零星钢材	t·km	0.038	
JYX1-105	汽车运输 金具、绝缘子、零星钢材 装卸	t	0.128	

序号	项目名称	单位	数量	备注
JYX1－106	汽车运输 金具、绝缘子、零星钢材 运输	t·km	1.281	
5.2	绝缘子串及金具安装			
5.2.1	耐张绝缘子串及金具安装			
调 XYX5－59 R×1.6 J×1.6	耐张绝缘子串更换 110kV	组	1	

6.8 XB3-8 更换 220kV 耐张复合绝缘子串

6.8.1 典型方案主要内容

本典型方案为更换 1 套 220kV 耐张复合绝缘子串。内容包括：旧绝缘子串拆除；新绝缘子运输；新绝缘子串组装、检查及安装。

6.8.2 典型方案主要技术条件

典型方案 XB3－8 主要技术条件见表 6－43。

表 6－43　　　　　　　　　　　典型方案 XB3－8 主要技术条件

方案名称	工程主要技术条件	
更换 220kV 耐张复合 绝缘子串	电压等级	220kV
	规格型号	FXBW－220/160－3，2470，7040
	气象条件	覆冰 10mm，基本风速：27m/s
	地质条件	100%普通土
	运距	人力 0.3km，汽车 10km

6.8.3 典型方案估算书

估算投资为总投资，编制依据按 3.2 要求。典型方案 XB3－8 估算书包括总估算汇总表、设备检修专业汇总估算表、其他费用估算表，分别见表 6－44～表 6－46。

表 6－44　　　　　　　　　　典型方案 XB3－8 总估算汇总表　　　　　　金额单位：万元

序号	工程或费用名称	含税金额	占工程投资的 比例（%）	不含税金额	可抵扣增值 税金额
二	设备检修费	0.89	88.12	0.81	0.08
三	配件购置费				
	其中：编制基准期价差	0.02	1.98	0.02	
四	小计	0.89	88.12	0.81	0.08

续表

序号	工程或费用名称	含税金额	占工程投资的比例（%）	不含税金额	可抵扣增值税金额
五	其他费用	0.12	11.88	0.11	0.01
六	基本预备费				
七	工程总费用合计	1.01	100	0.92	0.09
	其中：可抵扣增值税金额	0.09			0.09
	其中：施工费	0.51	50.5	0.47	0.04

表6-45　　　　　　　典型方案 XB3-8 设备检修专业汇总估算表　　　　金额单位：元

序号	工程或费用名称	设备检修费		配件购置费	合计
		检修费	未计价材料费		
	设备检修工程	5115	3737		8852
5	附件工程	5115	3737		8852
5.1	附件安装工程材料工地运输	53			53
5.2	绝缘子串及金具安装	5062	3737		8799
5.2.1	耐张绝缘子串及金具安装	5062	3737		8799
	合计	5115	3737		8852

表6-46　　　　　　　典型方案 XB3-8 其他费用估算表　　　　金额单位：元

序号	工程或费用名称	编制依据及计算说明	合价
2	项目管理费		338
2.1	管理经费	设备检修费×0.75%	66
2.2	招标费	设备检修费×0.67%	59
2.3	工程监理费	设备检修费×2.4%	212
3	项目技术服务费		866
3.1	前期工作费	设备检修费×1.12%	99
3.2	工程勘察设计费		668
3.2.2	设计费	设计费×100%	668
3.3	设计文件评审费		73
3.3.1	初步设计文件评审费	基本设计费×3.5%	35
3.3.2	施工图文件评审费	基本设计费×3.8%	38
3.4	结算文件审核费	设备检修费×0.29%	26
	合计		1204

6.8.4　典型方案电气设备材料表

典型方案 XB3-8 电气设备材料表见表 6-47。

表 6-47　　　　　　　　　　典型方案 XB3-8 电气设备材料表

序号	设备或材料名称	单位	数量	备注
	架空线路工程			
一	附件及金具			
5	附件工程			
5.2	绝缘子串及金具安装			
5.2.1	耐张绝缘子串及金具安装			
500120959	220kV 导线耐张通用 2NZ21Y-4040-12P（H）Z	套	1	
500122840	交流棒形悬式复合绝缘子 FXBW-220/160-3，2470，7040	支	6	

6.8.5　典型方案工程量表

典型方案 XB3-8 工程量见表 6-48。

表 6-48　　　　　　　　　　典型方案 XB3-8 工程量表

序号	项目名称	单位	数量	备注
	设备检修工程			
5	附件工程			
5.1	附件安装工程材料工地运输			
JYX1-19	人力运输 金具、绝缘子、零星钢材	t·km	0.079	
JYX1-105	汽车运输 金具、绝缘子、零星钢材 装卸	t	0.262	
JYX1-106	汽车运输 金具、绝缘子、零星钢材 运输	t·km	2.619	
5.2	绝缘子串及金具安装			
5.2.1	耐张绝缘子串及金具安装			
调 XYX5-60 R×1.6 J×1.6	耐张绝缘子串更换 220kV	组	1	

6.9　XB3-9 更换 500kV 耐张复合绝缘子串

6.9.1　典型方案主要内容

本典型方案为更换 1 套 500kV 耐张复合绝缘子串。内容包括：旧绝缘子串拆除；新绝缘子运输；新绝缘子串组装、检查及安装。

6.9.2　典型方案主要技术条件

典型方案 XB3-9 主要技术条件见表 6-49。

表 6-49　　　　　　　　　　　典型方案 XB3-9 主要技术条件

方案名称	工程主要技术条件	
更换 500kV 耐张复合绝缘子串	电压等级	500kV
	规格型号	FXBW-500/420-1，4450，14000
	气象条件	覆冰 10mm，基本风速：27m/s
	地质条件	100%普通土
	运距	人力 0.3km，汽车 10km

6.9.3　典型方案估算书

估算投资为总投资，编制依据按 3.2 要求。典型方案 XB3-9 估算书包括总估算汇总表、设备检修专业汇总估算表、其他费用估算表，分别见表 6-50～表 6-52。

表 6-50　　　　　　　　　　典型方案 XB3-9 总估算汇总表　　　　　　金额单位：万元

序号	工程或费用名称	含税金额	占工程投资的比例（%）	不含税金额	可抵扣增值税金额
二	设备检修费	3.13	86.94	2.81	0.32
三	配件购置费				
	其中：编制基准期价差	0.03	0.83	0.03	
四	小计	3.13	86.94	2.81	0.32
五	其他费用	0.47	13.06	0.44	0.03
六	基本预备费				
七	工程总费用合计	3.6	100	3.25	0.35
	其中：可抵扣增值税金额	0.35			0.35
	其中：施工费	1.08	30	0.99	0.09

表 6-51　　　　　　　　　　典型方案 XB3-9 设备检修专业汇总估算表　　　　　金额单位：元

序号	工程或费用名称	设备检修费		配件购置费	合计
		检修费	未计价材料费		
	设备检修工程	10752	20533		31285
5	附件工程	10752	20533		31285
5.1	附件安装工程材料工地运输	9			9
5.2	绝缘子串及金具安装	10743	20533		31276
5.2.1	耐张绝缘子串及金具安装	10743	20533		31276
	合计	10752	20533		31285

表 6-52　　　　　　　　　典型方案 XB3-9 其他费用估算表　　　　　　　　金额单位：元

序号	工程或费用名称	编制依据及计算说明	合价
2	项目管理费		1195
2.1	管理经费	设备检修费×0.75%	235
2.2	招标费	设备检修费×0.67%	210
2.3	工程监理费	设备检修费×2.4%	751
3	项目技术服务费		3485
3.1	前期工作费	设备检修费×1.12%	350
3.2	工程勘察设计费		2362
3.2.2	设计费	设计费×100%	2362
3.3	设计文件评审费		172
3.3.1	初步设计文件评审费	基本设计费×3.5%	83
3.3.2	施工图文件评审费	基本设计费×3.8%	90
3.4	结算文件审核费	设备检修费×0.29%	600
	合计		4680

6.9.4　典型方案电气设备材料表

典型方案 XB3-9 电气设备材料表见表 6-53。

表 6-53　　　　　　　　　典型方案 XB3-9 电气设备材料表

序号	设备或材料名称	单位	数量	备注
	架空线路工程			
一	附件及金具			
5	附件工程			
5.2	绝缘子串及金具安装			
5.2.1	耐张绝缘子串及金具安装			
500120834	500kV 导线耐张通用 5N2-5050（60）-40P（630/45）	套	1	
500122827	交流棒形悬式复合绝缘子 FXBW-500/420-1，4450，14000	支	6	

6.9.5　典型方案工程量表

典型方案 XB3-9 工程量见表 6-54。

表 6-54   典型方案 XB3-9 工程量表

序号	项目名称	单位	数量	备注
	设备检修工程			
5	附件工程			
5.1	附件安装工程材料工地运输			
JYX1-19	人力运输 金具、绝缘子、零星钢材	t·km	0.013	
JYX1-105	汽车运输 金具、绝缘子、零星钢材 装卸	t	0.042	
JYX1-106	汽车运输 金具、绝缘子、零星钢材 运输	t·km	0.422	
5.2	绝缘子串及金具安装			
5.2.1	耐张绝缘子串及金具安装			
调 XYX5-62 R×1.6 J×1.6	耐张绝缘子串更换±500、500kV	组	1	

6.10 XB3-10 更换 500kV 耐张零值、自爆绝缘子

6.10.1 典型方案主要内容

本典型方案为更换 500kV 耐张零值、自爆绝缘子。内容包括：旧绝缘子串拆除；旧导地线线夹拆除；新绝缘子设备及金具等材料运输；新绝缘子串组装、检查及安装施工。

6.10.2 典型方案主要技术条件

典型方案 XB3-10 主要技术条件见表 6-55。

表 6-55   典型方案 XB3-10 主要技术条件

方案名称	工程主要技术条件	
更换 500kV 耐张零值、自爆绝缘子	电压等级	500kV
	规格型号	U300BP/195D，480，330
	气象条件	覆冰 10mm，基本风速：27m/s
	地质条件	100%普通土
	运距	人力 0.3km，汽车 10km

6.10.3 典型方案估算书

估算投资为总投资，编制依据按 3.2 要求。典型方案 XB3-10 估算书包括总估算汇总表、设备检修专业汇总估算表、其他费用估算表，分别见表 6-56～表 6-58。

表 6-56　　　　　　典型方案 XB3-10 总估算汇总表　　　　　金额单位：万元

序号	工程或费用名称	含税金额	占工程投资的比例（%）	不含税金额	可抵扣增值税金额
二	设备检修费	0.26	86.67	0.24	0.02
三	配件购置费				
	其中：编制基准期价差	0.01	3.33	0.01	
四	小计	0.26	86.67	0.24	0.02
五	其他费用	0.04	13.33	0.04	
六	基本预备费				
七	工程总费用合计	0.3	100	0.28	0.02
	其中：可抵扣增值税金额	0.02			0.02
	其中：施工费	0.23	76.67	0.21	0.02

表 6-57　　　　　典型方案 XB3-10 设备检修专业汇总估算表　　　　　金额单位：元

序号	工程或费用名称	设备检修费		配件购置费	合计
		检修费	未计价材料费		
	设备检修工程	2296	300		2596
5	附件工程	2296	300		2596
5.1	附件安装工程材料工地运输	1			1
5.2	绝缘子串及金具安装	2295	300		2595
5.2.1	耐张绝缘子串及金具安装	2295	300		2595
	合计	2296	300		2596

表 6-58　　　　　　典型方案 XB3-10 其他费用估算表　　　　　金额单位：元

序号	工程或费用名称	编制依据及计算说明	合价
2	项目管理费		99
2.1	管理经费	设备检修费×0.75%	19
2.2	招标费	设备检修费×0.67%	17
2.3	工程监理费	设备检修费×2.4%	62
3	项目技术服务费		306
3.1	前期工作费	设备检修费×1.12%	29
3.2	工程勘察设计费		196
3.2.2	设计费	设计费×100%	196
3.3	设计文件评审费		73

57

续表

序号	工程或费用名称	编制依据及计算说明	合价
3.3.1	初步设计文件评审费	基本设计费×3.5%	35
3.3.2	施工图文件评审费	基本设计费×3.8%	38
3.4	结算文件审核费	设备检修费×0.29%	8
	合计		405

6.10.4　典型方案电气设备材料表

典型方案 XB3-10 电气设备材料表见表 6-59。

表 6-59　　　　　　　　　典型方案 XB3-10 电气设备材料表

序号	设备或材料名称	单位	数量	备注
	架空线路工程			
一	附件及金具			
5	附件工程			
5.2	绝缘子串及金具安装			
5.2.1	耐张绝缘子串及金具安装			
500122781	交流盘形悬式瓷绝缘子 U300BP/195D，480，330	片	1	

6.10.5　典型方案工程量表

典型方案 XB3-10 工程量见表 6-60。

表 6-60　　　　　　　　　典型方案 XB3-10 工程量表

序号	项目名称	单位	数量	备注
	设备检修工程			
5	附件工程			
5.1	附件安装工程材料工地运输			
JYX1-19	人力运输 金具、绝缘子、零星钢材	t·km	0.002	
JYX1-105	汽车运输 金具、绝缘子、零星钢材 装卸	t	0.006	
JYX1-106	汽车运输 金具、绝缘子、零星钢材 运输	t·km	0.060	
5.2	绝缘子串及金具安装			
5.2.1	耐张绝缘子串及金具安装			
调 XYX5-98 R×1.6 J×1.6	耐张零值、自爆绝缘子更换±500、500kV	片	1	

第7章 检修基础

典型方案说明 ╍╍

> 检修基础典型方案共 4 个：按照检修内容分为护坡、挡土墙及排洪沟修复（钢筋混凝土）；护坡、挡土墙及排洪沟修复（浆砌砌筑）；220kV 杆塔基础保护帽大修；更换接地网。220kV 杆塔基础保护帽大修方案包括拆旧重新浇筑、养护。

7.1 XB4-1 护坡、挡土墙及排洪沟修复（钢筋混凝土）

7.1.1 典型方案主要内容

本典型方案为修理 $1m^3$ 护坡、挡土墙及排洪沟（钢筋混凝土），内容包括材料运输；通道内清理，清除异物；底部垫层；制模；安装钢筋笼子；浇筑；顶面压顶；排水管施放；回填土、夯实。

7.1.2 典型方案主要技术条件

典型方案 XB4-1 主要技术条件见表 7-1。

表 7-1　　　　　　　　　典型方案 XB4-1 主要技术条件

方案名称	工程主要技术条件	
护坡、挡土墙及排洪沟修复（钢筋混凝土）	电压等级	35～750kV
	规格型号	混凝土 C20
	地形	100%平地
	气象条件	覆冰 10mm，基本风速：27m/s
	地质条件	100%普通土
	运距	人力 0.3km，汽车 10km

7.1.3 典型方案估算书

估算投资为总投资，编制依据按 3.2 要求。典型方案 XB4-1 估算书包括总估算汇总表、设备检修专业汇总估算表、其他费用估算表，分别见表 7-2～表 7-4。

表 7-2　　　　　　　　典型方案 XB4-1 总估算汇总表　　　　　　　金额单位：万元

序号	工程或费用名称	含税金额	占工程投资的比例（%）	不含税金额	可抵扣增值税金额
二	设备检修费	0.57	87.69	0.52	0.05
三	配件购置费				
	其中：编制基准期价差				

续表

序号	工程或费用名称	含税金额	占工程投资的比例（%）	不含税金额	可抵扣增值税金额
四	小计	0.57	87.69	0.52	0.05
五	其他费用	0.08	12.31	0.08	
六	基本预备费				
七	工程总费用合计	0.65	100	0.6	0.05
	其中：可抵扣增值税金额	0.05			0.05
	其中：施工费	0.57	87.69	0.52	0.05

表 7－3　　　　　　　**典型方案 XB4－1 设备检修专业汇总估算表**　　　　金额单位：元

序号	工程或费用名称	设备检修费		配件购置费	合计
		检修费	未计价材料费		
	设备检修工程	1175	4496		5671
6	辅助工程	1175	4496		5671
6.2	护坡、挡土墙及排洪沟	1175	4496		5671
6.2.1	护坡、挡土墙及排洪沟材料工地运输	205			205
6.2.3	护坡、挡土墙及排洪沟砌筑	970	4496		5466
	合计	1175	4496		5671

表 7－4　　　　　　　　　**典型方案 XB4－1 其他费用估算表**　　　　金额单位：元

序号	工程或费用名称	编制依据及计算说明	合价
2	项目管理费		217
2.1	管理经费	设备检修费×0.75%	43
2.2	招标费	设备检修费×0.67%	38
2.3	工程监理费	设备检修费×2.4%	136
3	项目技术服务费		581
3.1	前期工作费	设备检修费×1.12%	64
3.2	工程勘察设计费		428
3.2.2	设计费	设计费×100%	428
3.3	设计文件评审费		73
3.3.1	初步设计文件评审费	基本设计费×3.5%	35
3.3.2	施工图文件评审费	基本设计费×3.8%	38
3.4	结算文件审核费	设备检修费×0.29%	16
	合计		798

7.1.4　典型方案电气设备材料表

典型方案 XB4−1 电气设备材料表见表 7−5。

表 7−5　　　　　　　典型方案 XB4−1 电气设备材料表

序号	设备或材料名称	单位	数量	备注
	设备检修工程			
一	设备检修工程			
6	辅助工程			
6.2	护坡、挡土墙及排洪沟			
6.2.3	护坡、挡土墙及排洪沟砌筑			
500067309	商品混凝土 C20	m³	0.120	
H09010101	钢筋 $\phi 10$	t	0.960	

7.1.5　典型方案工程量表

典型方案 XB4−1 工程量见表 7−6。

表 7−6　　　　　　　典型方案 XB4−1 工程量表

序号	项目名称	单位	数量	备注
	设备检修工程			
6	辅助工程			
6.2	护坡、挡土墙及排洪沟			
6.2.1	护坡、挡土墙及排洪沟材料工地运输			
JYX1−19	人力运输 金具、绝缘子、零星钢材	t·km	0.307	
JYX1−105	汽车运输 金具、绝缘子、零星钢材 装卸	t	1.022	
JYX1−106	汽车运输 金具、绝缘子、零星钢材 运输	t·km	10.224	
6.2.3	护坡、挡土墙及排洪沟砌筑			
XYX1−13	护坡、挡土墙及排水（洪）沟修复 钢筋混凝土	m³	1	

7.2　XB4−2 护坡、挡土墙及排洪沟修复（浆砌砌筑）

7.2.1　典型方案主要内容

本典型方案为修理 1m³ 护坡、挡土墙及排洪沟（浆砌砌筑），内容包括材料运输；通道内清理，清除异物；底部垫层；砌筑；顶面压顶；排水管施放；回填土、夯实。

7.2.2 典型方案主要技术条件

典型方案 XB4-2 主要技术条件见表 7-7。

表 7-7　　典型方案 XB4-2 主要技术条件

方案名称	工程主要技术条件	
护坡、挡土墙及排洪沟修复（浆砌砌筑）	电压等级	35～750kV
	规格型号	水泥砂浆 M10
	地形	100%平地
	气象条件	覆冰 10mm，基本风速：27m/s
	地质条件	100%普通土
	运距	人力 0.3km，汽车 10km

7.2.3 典型方案估算书

估算投资为总投资，编制依据按 3.2 要求。典型方案 XB4-2 估算书包括总估算汇总表、设备检修专业汇总估算表、其他费用估算表，分别见表 7-8～表 7-10。

表 7-8　　典型方案 XB4-2 总估算汇总表　　金额单位：万元

序号	工程或费用名称	含税金额	占工程投资的比例（%）	不含税金额	可抵扣增值税金额
二	设备检修费	0.04	80	0.04	
三	配件购置费				
	其中：编制基准期价差				
四	小计	0.04	80	0.04	
五	其他费用	0.01	20	0.01	
六	基本预备费				
七	工程总费用合计	0.05	100	0.05	
	其中：可抵扣增值税金额				
	其中：施工费	0.04	80	0.04	

表 7-9　　典型方案 XB4-2 设备检修专业汇总估算表　　金额单位：元

序号	工程或费用名称	设备检修费		配件购置费	合计
		检修费	未计价材料费		
	设备检修工程	282	96		378
6	辅助工程	282	96		378
6.2	护坡、挡土墙及排洪沟	282	96		378

续表

序号	工程或费用名称	设备检修费		配件购置费	合计
		检修费	未计价材料费		
6.2.1	护坡、挡土墙及排洪沟材料工地运输	90			90
6.2.3	护坡、挡土墙及排洪沟砌筑	192	96		288
	合计	282	96		378

表 7-10 典型方案 **XB4-2** 其他费用估算表 金额单位：元

序号	工程或费用名称	编制依据及计算说明	合价
2	项目管理费		14
2.1	管理经费	设备检修费×0.75%	3
2.2	招标费	设备检修费×0.67%	3
2.3	工程监理费	设备检修费×2.4%	9
3	项目技术服务费		107
3.1	前期工作费	设备检修费×1.12%	4
3.2	工程勘察设计费		29
3.2.2	设计费	设计费×100%	29
3.3	设计文件评审费		73
3.3.1	初步设计文件评审费	基本设计费×3.5%	35
3.3.2	施工图文件评审费	基本设计费×3.8%	38
3.4	结算文件审核费	设备检修费×0.29%	1
	合计		121

7.2.4 典型方案电气设备材料表

典型方案 XB4-2 电气设备材料表见表 7-11。

表 7-11 典型方案 **XB4-2** 电气设备材料表

序号	设备或材料名称	单位	数量	备注
	设备检修工程			
6	辅助工程			
6.2	护坡、挡土墙及排洪沟			
6.2.3	护坡、挡土墙及排洪沟砌筑			
	块石	m³	0.120	
500133637	水泥砂浆 M10	m³	0.200	

7.2.5　典型方案工程量表

典型方案 XB4-2 工程量见表 7-12。

表 7-12　　　　　　　　　　　　　典型方案 XB4-2 工程量表

序号	项目名称	单位	数量	备注
	设备检修工程			
6	辅助工程			
6.2	护坡、挡土墙及排洪沟			
6.2.1	护坡、挡土墙及排洪沟材料工地运输			
JYX1-22	人力运输　其他建筑安装材料	t·km	0.182	
JYX1-107	汽车运输　其他建筑安装材料　装卸	t	0.608	
JYX1-108	汽车运输　其他建筑安装材料　运输	t·km	6.076	
6.2.3	护坡、挡土墙及排洪沟砌筑			
XYX1-14	护坡、挡土墙及排水（洪）沟修复　浆砌砌筑	m³	1	

7.3　XB4-3　220kV 杆塔基础保护帽大修

7.3.1　典型方案主要内容

本典型方案为修理 1 个基础保护帽，内容包括材料运输；通道内清理，清除塔脚周围异物；破除、清理旧保护帽；除锈；制模；浇筑；保护帽表面防积水处理。

7.3.2　典型方案主要技术条件

典型方案 XB4-3 主要技术条件见表 7-13。

表 7-13　　　　　　　　　　　　典型方案 XB4-3 主要技术条件

方案名称	工程主要技术条件	
220kV 杆塔基础 保护帽大修	电压等级	220kV
	规格型号	混凝土 C20
	地形	100%平地
	气象条件	覆冰 10mm，基本风速：27m/s
	地质条件	100%普通土
	运距	人力 0.3km，汽车 10km

7.3.3　典型方案估算书

估算投资为总投资，编制依据按 3.2 要求。典型方案 XB4-3 估算书包括总估算汇总表、设备检修专业汇总估算表、其他费用估算表，分别见表 7-14～表 7-16。

表 7-14　　　　　　　**典型方案 XB4-3 总估算汇总表**　　　　金额单位：万元

序号	工程或费用名称	含税金额	占工程投资的比例（%）	不含税金额	可抵扣增值税金额
二	设备检修费	0.02	66.67	0.02	
三	配件购置费				
	其中：编制基准期价差				
四	小计	0.02	66.67	0.02	
五	其他费用	0.01	33.33	0.01	
六	基本预备费				
七	工程总费用合计	0.03	100	0.03	
	其中：可抵扣增值税金额				
	其中：施工费	0.02	66.67	0.02	

表 7-15　　　　　　**典型方案 XB4-3 设备检修专业汇总估算表**　　　金额单位：元

序号	工程或费用名称	设备检修费		配件购置费	合计
		检修费	未计价材料费		
	设备检修工程	115	44		159
1	基础工程	115	44		159
1.4	基础防护	115	44		159
	合计	115	44		159

表 7-16　　　　　　　**典型方案 XB4-3 其他费用估算表**　　　　金额单位：元

序号	工程或费用名称	编制依据及计算说明	合价
2	项目管理费		6
2.1	管理经费	设备检修费×0.75%	1
2.2	招标费	设备检修费×0.67%	1
2.3	工程监理费	设备检修费×2.4%	4
3	项目技术服务费		87
3.1	前期工作费	设备检修费×1.12%	2
3.2	工程勘察设计费		12
3.2.2	设计费	设计费×100%	12
3.3	设计文件评审费		73
3.3.1	初步设计文件评审费	基本设计费×3.5%	35
3.3.2	施工图文件评审费	基本设计费×3.8%	38
3.4	结算文件审核费	设备检修费×0.29%	1
	合计		93

7.3.4　典型方案电气设备材料表

典型方案 XB4-3 电气设备材料表见表 7-17。

表 7-17　　　　　　　典型方案 XB4-3 电气设备材料表

序号	设备或材料名称	单位	数量	备注
	架空线路工程			
一	设备检修工程			
1	基础工程			
1.4	基础防护			
500067309	商品混凝土 C20	m³	0.100	

7.3.5　典型方案工程量表

典型方案 XB4-3 工程量见表 7-18。

表 7-18　　　　　　　典型方案 XB4-3 工程量表

序号	项目名称	单位	数量	备注
	设备检修工程			
1	基础工程			
1.4	基础防护			
XYX1-4	杆塔基础保护帽修缮 220kV	每基一腿	1	

7.4　XB4-4 更换接地网

7.4.1　典型方案主要内容

本典型方案为更换 1 基杆塔接地网，内容包括材料运输；通道内清理，断开原接地网与杆塔连接处；开挖；安装新接地网；回填土、夯实；测试接地电阻。

7.4.2　典型方案主要技术条件

典型方案 XB4-4 主要技术条件见表 7-19。

表 7-19　　　　　　　典型方案 XB4-4 主要技术条件

方案名称	工程主要技术条件	
	电压等级	35～750kV
	规格型号	$\phi12$～$\phi20$ 镀锌圆钢，接地体长度 300m 以内
更换接地网	地形	100%平地
	气象条件	覆冰 10mm，基本风速：27m/s
	地质条件	100%普通土
	运距	人力 0.3km，汽车 10km

7.4.3　典型方案估算书

估算投资为总投资，编制依据按 3.2 要求。典型方案 XB4-4 估算书包括总估算汇总表、设备检修专业汇总估算表、其他费用估算表，分别见表 7-20～表 7-22。

表 7-20　　　　　　　　　　典型方案 XB4-4 总估算汇总表　　　　　　金额单位：万元

序号	工程或费用名称	含税金额	占工程投资的比例（%）	不含税金额	可抵扣增值税金额
二	设备检修费	0.84	87.5	0.77	0.07
三	配件购置费				
	其中：编制基准期价差	0.03	3.13	0.03	
四	小计	0.84	87.5	0.77	0.07
五	其他费用	0.12	12.5	0.11	0.01
六	基本预备费				
七	工程总费用合计	0.96	100	0.88	0.08
	其中：可抵扣增值税金额	0.08			0.08
	其中：施工费	0.84	87.5	0.77	0.07

表 7-21　　　　　　　　　典型方案 XB4-4 设备检修专业汇总估算表　　　　金额单位：元

序号	工程或费用名称	设备检修费		配件购置费	合计
		检修费	未计价材料费		
	设备检修工程	7993	435		8428
3	接地工程	7993	435		8428
3.1	接地工程材料工地运输	128			128
3.3	接地检修	7865	435		8300
	合计	7993	435		8428

表 7-22　　　　　　　　　　典型方案 XB4-4 其他费用估算表　　　　　　金额单位：元

序号	工程或费用名称	编制依据及计算说明	合价
2	项目管理费		322
2.1	管理经费	设备检修费×0.75%	63
2.2	招标费	设备检修费×0.67%	56
2.3	工程监理费	设备检修费×2.4%	202
3	项目技术服务费		828
3.1	前期工作费	设备检修费×1.12%	94
3.2	工程勘察设计费		636

序号	工程或费用名称	编制依据及计算说明	合价
3.2.2	设计费	设计费×100%	636
3.3	设计文件评审费		73
3.3.1	初步设计文件评审费	基本设计费×3.5%	35
3.3.2	施工图文件评审费	基本设计费×3.8%	38
3.4	结算文件审核费	设备检修费×0.29%	24
	合计		1150

7.4.4　典型方案电气设备材料表

典型方案 XB4-4 电气设备材料表见表 7-23。

表 7-23　　　　　　　　典型方案 XB4-4 电气设备材料表

序号	设备或材料名称	单位	数量	备注
	设备检修工程			
3	接地工程			
3.3	接地检修			
500020104	接地铁，圆钢，镀锌 $\phi 20$，2000mm	副	4	

7.4.5　典型方案工程量表

典型方案 XB4-4 工程量见表 7-24。

表 7-24　　　　　　　　典型方案 XB4-4 工程量表

序号	项目名称	单位	数量	备注
	设备检修工程			
3	接地工程			
3.1	接地工程材料工地运输			
JYX1-19	人力运输 金具、绝缘子、零星钢材	t·km	0.192	
JYX1-105	汽车运输 金具、绝缘子、零星钢材 装卸	t	0.639	
JYX1-106	汽车运输 金具、绝缘子、零星钢材 运输	t·km	6.390	
3.3	接地检修			
调 XYX3-3 R×1.6 J×1.6	接地更换 更换接地网 300m 以内	基	1	
JGT1-1	机械施工土方 场地平整 土方	m³	22.400	

第8章 检 修 附 件

> 检修附件典型方案共6个；按照检修内容分为更换500kV线路相间间隔棒；更换500kV线路导线间隔棒；更换双分裂导线防振锤；220kV导线安全备份线夹加装；更换防鸟刺。

8.1 XB5-1 更换 500kV 线路相间间隔棒

8.1.1 典型方案主要内容

本典型方案为更换500kV线路相间间隔棒1个，拆除旧间隔棒，安装新间隔棒。

8.1.2 典型方案主要技术条件

典型方案XB5-1主要技术条件见表8-1。

表8-1　　　　　　　　　　　　典型方案 XB5-1 主要技术条件

方案名称	工程主要技术条件	
更换500kV线路相间间隔棒	电压等级	500kV
	规格型号	FXJW－500/100
	地形	100%平地
	气象条件	覆冰10mm，基本风速：27m/s
	地质条件	100%普通土
	运距	人力0.3km，汽车10km

8.1.3 典型方案估算书

估算投资为总投资，编制依据按3.2要求。典型方案XB5-1估算书包括总估算汇总表、设备检修专业汇总估算表、其他费用估算表，分别见表8-2~表8-4。

表8-2　　　　　　　　　　　　典型方案 XB5-1 总估算汇总表　　　　　　　　金额单位：万元

序号	工程或费用名称	含税金额	占工程投资的比例（%）	不含税金额	可抵扣增值税金额
二	设备检修费	0.49	87.5	0.44	0.05
三	配件购置费				
	其中：编制基准期价差	0.01	1.79	0.01	
四	小计	0.49	87.5	0.44	0.05

续表

序号	工程或费用名称	含税金额	占工程投资的比例（%）	不含税金额	可抵扣增值税金额
五	其他费用	0.07	12.5	0.07	
六	基本预备费				
七	工程总费用合计	0.56	100	0.51	0.05
	其中：可抵扣增值税金额	0.05			0.05
	其中：施工费	0.23	41.07	0.21	0.02

表 8-3　　　　　　　典型方案 XB5-1 设备检修专业汇总估算表　　　　金额单位：元

序号	工程或费用名称	设备检修费		配件购置费	合计
		检修费	未计价材料费		
	设备检修工程	2294	2635		4929
5	附件工程	2294	2635		4929
5.1	附件安装工程材料工地运输	5			5
5.2	绝缘子串及金具安装	2289	2635		4924
5.2.1	耐张绝缘子串及金具安装	2289	2635		4924
	合计	2294	2635		4929

表 8-4　　　　　　　　　典型方案 XB5-1 其他费用估算表　　　　金额单位：元

序号	工程或费用名称	编制依据及计算说明	合价
2	项目管理费		188
2.1	管理经费	设备检修费×0.75%	37
2.2	招标费	设备检修费×0.67%	33
2.3	工程监理费	设备检修费×2.4%	118
3	项目技术服务费		515
3.1	前期工作费	设备检修费×1.12%	55
3.2	工程勘察设计费		372
3.2.2	设计费	设计费×100%	372
3.3	设计文件评审费		73
3.3.1	初步设计文件评审费	基本设计费×3.5%	35
3.3.2	施工图文件评审费	基本设计费×3.8%	38
3.4	结算文件审核费	设备检修费×0.29%	14
	合计		703

8.1.4 典型方案电气设备材料表

典型方案 XB5-1 电气设备材料表见表 8-5。

表 8-5 **典型方案 XB5-1 电气设备材料表**

序号	设备或材料名称	单位	数量	备注
	设备检修工程			
5	附件工程			
5.2	绝缘子串及金具安装			
5.2.1	耐张绝缘子串及金具安装			
500123835	交流复合相间间隔棒 FXJW-500/100	个	1	

8.1.5 典型方案工程量表

典型方案 XB5-1 工程量见表 8-6。

表 8-6 **典型方案 XB5-1 工程量表**

序号	项目名称	单位	数量	备注
	设备检修工程			
5	附件工程			
5.1	附件安装工程材料工地运输			
JYX1-19	人力运输 金具、绝缘子、零星钢材	t·km	0.007	
JYX1-105	汽车运输 金具、绝缘子、零星钢材 装卸	t	0.022	
JYX1-106	汽车运输 金具、绝缘子、零星钢材 运输	t·km	0.217	
5.2	绝缘子串及金具安装			
5.2.1	耐张绝缘子串及金具安装			
调 XYX5-147 R×1.6 J×1.6	相间间隔棒更换 500kV	组	1	

8.2 XB5-2 更换 500kV 线路导线间隔棒

8.2.1 典型方案主要内容

本典型方案为更换 500kV 线路导线间隔棒 1 个，拆除旧间隔棒，安装新间隔棒。

8.2.2 典型方案主要技术条件

典型方案 XB5-2 主要技术条件见表 8-7。

表8-7　　　　　　　　　　　**典型方案 XB5-2 主要技术条件**

方案名称	工程主要技术条件	
更换 500kV 线路导线间隔棒	电压等级	500kV
	规格型号	FJZ-445/34B
	地形	100%平地
	气象条件	覆冰 10mm，基本风速：27m/s
	地质条件	100%普通土
	运距	人力 0.3km，汽车 10km

8.2.3　典型方案估算书

估算投资为总投资，编制依据按 3.2 要求。典型方案 XB5-2 估算书包括总估算汇总表、设备检修专业汇总估算表、其他费用估算表，分别见表 8-8～表 8-10。

表8-8　　　　　　　　**典型方案 XB5-2 总估算汇总表**　　　　　金额单位：万元

序号	工程或费用名称	含税金额	占工程投资的比例（%）	不含税金额	可抵扣增值税金额
二	设备检修费	0.04	80	0.04	
三	配件购置费				
	其中：编制基准期价差				
四	小计	0.04	80	0.04	
五	其他费用	0.01	20	0.01	
六	基本预备费				
七	工程总费用合计	0.05	100	0.05	
	其中：可抵扣增值税金额				
	其中：施工费	0.01	20	0.01	

表8-9　　　　　　**典型方案 XB5-2 设备检修专业汇总估算表**　　　　金额单位：元

序号	工程或费用名称	设备检修费		配件购置费	合计
		检修费	未计价材料费		
	设备检修工程	80	329		409
5	附件工程	80	329		409
5.1	附件安装工程材料工地运输	2			2
5.2	绝缘子串及金具安装	78	329		407
5.2.1	耐张绝缘子串及金具安装	78	329		407
	合计	80	329		409

序号	工程或费用名称	编制依据及计算说明	合价
2	项目管理费		16
2.1	管理经费	设备检修费×0.75%	3
2.2	招标费	设备检修费×0.67%	3
2.3	工程监理费	设备检修费×2.4%	10
3	项目技术服务费		110
3.1	前期工作费	设备检修费×1.12%	5
3.2	工程勘察设计费		31
3.2.2	设计费	设计费×100%	31
3.3	设计文件评审费		73
3.3.1	初步设计文件评审费	基本设计费×3.5%	35
3.3.2	施工图文件评审费	基本设计费×3.8%	38
3.4	结算文件审核费	设备检修费×0.29%	1
	合计		125

表8-10　　典型方案 XB5-2 其他费用估算表　　金额单位：元

8.2.4 典型方案电气设备材料表

典型方案 XB5-2 电气设备材料表见表 8-11。

表8-11　　典型方案 XB5-2 电气设备材料表

序号	设备或材料名称	单位	数量	备注
	设备检修工程			
5	附件工程			
5.2	绝缘子串及金具安装			
5.2.1	耐张绝缘子串及金具安装			
500130761	间隔棒 FJZ-445/34B	个	1	

8.2.5 典型方案工程量表

典型方案 XB5-2 工程量见表 8-12。

表8-12　　典型方案 XB5-2 工程量表

序号	项目名称	单位	数量	备注
	设备检修工程			
5	附件工程			

续表

序号	项目名称	单位	数量	备注
5.1	附件安装工程材料工地运输			
JYX1-19	人力运输 金具、绝缘子、零星钢材	t·km	0.003	
JYX1-105	汽车运输 金具、绝缘子、零星钢材 装卸	t	0.011	
JYX1-106	汽车运输 金具、绝缘子、零星钢材 运输	t·km	0.109	
5.2	绝缘子串及金具安装			
5.2.1	耐张绝缘子串及金具安装			
调 XYX5-139 R×1.6 J×1.6	导线间隔棒更换±500kV、500kV	个	1	

8.3 XB5-3 更换双分裂导线防振锤

8.3.1 典型方案主要内容

本典型方案为更换线路防振锤 2 个，拆除旧防振锤，安装新防振锤。

8.3.2 典型方案主要技术条件

典型方案 XB5-3 主要技术条件见表 8-13。

表 8-13　　　　　　　　　　典型方案 **XB5-3** 主要技术条件

方案名称	工程主要技术条件	
更换双分裂导线防振锤	电压等级	220～750kV
	规格型号	FRYJ-4/6
	地形	100%平地
	气象条件	覆冰 10mm，基本风速：27m/s
	地质条件	100%普通土
	运距	人力 0.3km，汽车 10km

8.3.3 典型方案估算书

估算投资为总投资，编制依据按 3.2 要求。典型方案 XB5-3 估算书包括总估算汇总表、设备检修专业汇总估算表、其他费用估算表，分别见表 8-14～表 8-16。

表 8-14　　　　　　　　　　典型方案 **XB5-3** 总估算汇总表　　　　　　　金额单位：万元

序号	工程或费用名称	含税金额	占工程投资的比例（%）	不含税金额	可抵扣增值税金额
二	设备检修费	0.04	80	0.04	

续表

序号	工程或费用名称	含税金额	占工程投资的比例（%）	不含税金额	可抵扣增值税金额
三	配件购置费				
	其中：编制基准期价差				
四	小计	0.04	80	0.04	
五	其他费用	0.01	20	0.01	
六	基本预备费				
七	工程总费用合计	0.05	100	0.05	
	其中：可抵扣增值税金额				
	其中：施工费	0.01	20	0.01	

表 8-15　　　　　　典型方案 XB5-3 设备检修专业汇总估算表　　　　　金额单位：元

序号	工程或费用名称	设备检修费		配件购置费	合计
		检修费	未计价材料费		
	设备检修工程	65	309		374
5	附件工程	65	309		374
5.1	附件安装工程材料工地运输	5			5
5.2	绝缘子串及金具安装	60	309		369
5.2.1	耐张绝缘子串及金具安装	60	309		369
	合计	65	309		374

表 8-16　　　　　　　　典型方案 XB5-3 其他费用估算表　　　　　　金额单位：元

序号	工程或费用名称	编制依据及计算说明	合价
2	项目管理费		14
2.1	管理经费	设备检修费×0.75%	3
2.2	招标费	设备检修费×0.67%	3
2.3	工程监理费	设备检修费×2.4%	9
3	项目技术服务费		106
3.1	前期工作费	设备检修费×1.12%	4
3.2	工程勘察设计费		28
3.2.2	设计费	设计费×100%	28
3.3	设计文件评审费		73
3.3.1	初步设计文件评审费	基本设计费×3.5%	35

续表

序号	工程或费用名称	编制依据及计算说明	合价
3.3.2	施工图文件评审费	基本设计费×3.8%	38
3.4	结算文件审核费	设备检修费×0.29%	1
	合计		121

8.3.4　典型方案电气设备材料表

典型方案 XB5-3 电气设备材料表见表 8-17。

表 8-17　　　　　　　　　典型方案 XB5-3 电气设备材料表

序号	设备或材料名称	单位	数量	备注
	设备检修工程			
5	附件工程			
5.2	绝缘子串及金具安装			
5.2.1	耐张绝缘子串及金具安装			
500126185	防振锤 FRYJ-4/6	个	2	

8.3.5　典型方案工程量表

典型方案 XB5-3 工程量见表 8-18。

表 8-18　　　　　　　　　典型方案 XB5-3 工程量表

序号	项目名称	单位	数量	备注
	设备检修工程			
5	附件工程			
5.1	附件安装工程材料工地运输			
JYX1-19	人力运输 金具、绝缘子、零星钢材	t·km	0.007	
JYX1-105	汽车运输 金具、绝缘子、零星钢材 装卸	t	0.022	
JYX1-106	汽车运输 金具、绝缘子、零星钢材 运输	t·km	0.217	
5.2	绝缘子串及金具安装			
5.2.1	耐张绝缘子串及金具安装			
调 XYX5-124 R×1.6 J×1.6	防振锤更换 双分裂	个	2	

8.4　XB5-4 220kV 导线安全备份线夹加装

8.4.1　典型方案主要内容

本典型方案为加装 1 相 220kV 导线安全备份线夹，内容包括安全备份线夹材料运输，线夹组装，检查及安装施工。

8.4.2　典型方案主要技术条件

典型方案 XB5-4 主要技术条件见表 8-19。

表 8-19　典型方案 XB5-4 主要技术条件

方案名称	工程主要技术条件	
220kV 导线安全备份线夹加装	电压等级	220kV
	导线类型	导线
	规格型号	NL-400/35（预绞丝备份线夹，用于 400/35 导线）
	气象条件	覆冰 10mm，基本风速：27m/s
	地质条件	100%普通土
	运距	人力 0.3km，汽车 10km

8.4.3　典型方案估算书

估算投资为总投资，编制依据按 3.2 要求。典型方案 XB5-4 估算书包括总估算汇总表、设备检修专业汇总估算表、其他费用估算表，分别见表 8-20～表 8-22。

表 8-20　典型方案 XB5-4 总估算汇总表　　金额单位：万元

序号	工程或费用名称	含税金额	占工程投资的比例（%）	不含税金额	可抵扣增值税金额
二	设备检修费	0.39	86.67	0.35	0.04
三	配件购置费				
	其中：编制基准期价差				
四	小计	0.39	86.67	0.35	0.04
五	其他费用	0.06	13.33	0.06	
六	基本预备费				
七	工程总费用合计	0.45	100	0.41	0.04
	其中：可抵扣增值税金额	0.04			0.04
	其中：施工费	0.03	6.67	0.03	

表 8-21　　　　　　　典型方案 XB5-4 设备检修专业汇总估算表　　　　　　金额单位：元

序号	工程或费用名称	设备检修费		配件购置费	合计
		检修费	未计价材料费		
	设备检修工程	306	3561		3867
5	附件工程	306	3561		3867
5.1	附件安装工程材料工地运输	9			9
5.2	绝缘子串及金具安装	298	3561		3859
5.2.1	耐张绝缘子串及金具安装	298	3561		3859
	合计	306	3561		3867

表 8-22　　　　　　　　典型方案 XB5-4 其他费用估算表　　　　　　　金额单位：元

序号	工程或费用名称	编制依据及计算说明	合价
2	项目管理费		148
2.1	管理经费	设备检修费×0.75%	29
2.2	招标费	设备检修费×0.67%	26
2.3	工程监理费	设备检修费×2.4%	93
3	项目技术服务费		420
3.1	前期工作费	设备检修费×1.12%	43
3.2	工程勘察设计费		292
3.2.2	设计费	设计费×100%	292
3.3	设计文件评审费		73
3.3.1	初步设计文件评审费	基本设计费×3.5%	35
3.3.2	施工图文件评审费	基本设计费×3.8%	38
3.4	结算文件审核费	设备检修费×0.29%	11
	合计		567

8.4.4　典型方案电气设备材料表

典型方案 XB5-4 电气设备材料表见表 8-23。

表 8-23　　　　　　　　典型方案 XB5-4 电气设备材料表

序号	设备或材料名称	单位	数量	备注
	设备检修工程			
5	附件工程			
5.2	绝缘子串及金具安装			
5.2.1	耐张绝缘子串及金具安装			
500065099	备份线夹 NL-400/35	个	2	

8.4.5 典型方案工程量表

典型方案 XB5-4 工程量见表 8-24。

表 8-24　　　　　　　　　　典型方案 XB5-4 工程量表

序号	项目名称	单位	数量	备注
	设备检修工程			
5	附件工程			
5.1	附件安装工程材料工地运输			
JYX1-19	人力运输 金具、绝缘子、零星钢材	t·km	0.013	
JYX1-105	汽车运输 金具、绝缘子、零星钢材 装卸	t	0.043	
JYX1-106	汽车运输 金具、绝缘子、零星钢材 运输	t·km	0.434	
5.2	绝缘子串及金具安装			
5.2.1	耐张绝缘子串及金具安装			
JYX8-79	导线缠绕预绞丝线夹安装 220kV 双分裂	单相	2	

8.5　XB5-5 更换防鸟刺

8.5.1 典型方案主要内容

本典型方案为更换防鸟刺 1 个，旧鸟刺拆除，新装置外观检查，安装，调整及螺栓紧固。

8.5.2 典型方案主要技术条件

典型方案 XB5-5 主要技术条件见表 8-25。

表 8-25　　　　　　　　　　典型方案 XB5-5 主要技术条件

方案名称	工程主要技术条件	
	电压等级	35~750kV
	规格型号	防鸟刺
更换防鸟装置	地形	100%平地
	气象条件	覆冰 10mm，基本风速：27m/s
	地质条件	100%普通土
	运距	人力 0.3km，汽车 10km

8.5.3 典型方案估算书

估算投资为总投资，编制依据按 3.2 要求。典型方案 XB5-5 估算书包括总估算汇总表、设备检修专业汇总估算表、其他费用估算表，分别见表 8-26~表 8-28。

表 8-26　　　　　　　　　　　　典型方案 **XB5-5** 总估算汇总表　　　　　　　　金额单位：万元

序号	工程或费用名称	含税金额	占工程投资的比例（%）	不含税金额	可抵扣增值税金额
二	设备检修费	0.02	66.67	0.02	
三	配件购置费				
	其中：编制基准期价差				
四	小计	0.02	66.67	0.02	
五	其他费用	0.01	33.33	0.01	
六	基本预备费				
七	工程总费用合计	0.03	100	0.03	
	其中：可抵扣增值税金额				
	其中：施工费	0.01	33.33	0.01	

表 8-27　　　　　　　　　　典型方案 **XB5-5** 设备检修专业汇总估算表　　　　　　金额单位：元

序号	工程或费用名称	设备检修费		配件购置费	合计
		检修费	未计价材料费		
	设备检修工程	115	54		169
6	辅助工程	115	54		169
6.5	杆塔上装的各类辅助生产装置	115	54		169
	合计	115	54		169

表 8-28　　　　　　　　　　　典型方案 **XB5-5** 其他费用估算表　　　　　　　金额单位：元

序号	工程或费用名称	编制依据及计算说明	合价
2	项目管理费		6
2.1	管理经费	设备检修费×0.75%	1
2.2	招标费	设备检修费×0.67%	1
2.3	工程监理费	设备检修费×2.4%	4
3	项目技术服务费		88
3.1	前期工作费	设备检修费×1.12%	2
3.2	工程勘察设计费		13
3.2.2	设计费	设计费×100%	13
3.3	设计文件评审费		73
3.3.1	初步设计文件评审费	基本设计费×3.5%	35
3.3.2	施工图文件评审费	基本设计费×3.8%	38
3.4	结算文件审核费	设备检修费×0.29%	1
	合计		95

8.5.4 典型方案电气设备材料表

典型方案 XB5-5 电气设备材料表见表 8-29。

表 8-29　　　　　　　　　典型方案 XB5-5 电气设备材料表

序号	设备或材料名称	单位	数量	备注
	设备检修工程			
6	辅助工程			
6.5	杆塔上装的各类辅助生产装置			
500010604	防鸟刺	套	1	

8.5.5 典型方案工程量表

典型方案 XB5-5 工程量见表 8-30。

表 8-30　　　　　　　　　　典型方案 XB5-5 工程量表

序号	项目名称	单位	数量	备注
	设备检修工程			
6	辅助工程			
6.5	杆塔上装的各类辅助生产装置			
XYX2-76	防鸟装置更换 20kV 以上	个	1	
JYX1-19	人力运输 金具、绝缘子、零星钢材	t·km	0.006	
JYX1-105	汽车运输 金具、绝缘子、零星钢材 装卸	t	0.021	
JYX1-106	汽车运输 金具、绝缘子、零星钢材 运输	t·km	0.214	

第9章 检修电缆附属设备

┅┅┅┅┅┅┅┅┅┅┅┅┅┅┅┅┅┅┅┅┅┅┅┅┅┅

> 检修电缆附属设备典型方案共 2 个：按照检修内容分为更换 220kV 交叉互联箱、更换 110kV 和 220kV 接地电缆。

9.1 XB6-1 更换 220kV 交叉互联箱

9.1.1 典型方案主要内容

本典型方案为更换 1 台 220kV 交叉互联箱，内容包括材料运输，通道内清理，交叉互联箱拆装，接线相位核对。

9.1.2 典型方案主要技术条件

典型方案 XB6-1 主要技术条件见表 9-1。

表 9-1 典型方案 XB6-1 主要技术条件

方案名称	工程主要技术条件	
更换 220kV 交叉互联箱	电压等级	220kV
	工作范围	交叉互联箱更换
	规格型号	电缆交叉互联箱
	运距	人力 0.3km，汽车 10km

9.1.3 典型方案估算书

估算投资为总投资，编制依据按 3.2 要求。典型方案 XB6-1 估算书包括总估算汇总表、设备检修专业汇总估算表、其他费用估算表，分别见表 9-2~表 9-4。

表 9-2 典型方案 XB6-1 总估算汇总表 金额单位：万元

序号	工程或费用名称	含税金额	占工程投资的比例（%）	不含税金额	可抵扣增值税金额
一	建筑修缮费				
二	设备检修费	0.15	20.83	0.14	0.01
三	配件购置费	0.51	70.83	0.45	0.06
	其中：编制基准期价差				
四	小计	0.66	91.67	0.59	0.07
五	其他费用	0.06	8.33	0.06	

续表

序号	工程或费用名称	含税金额	占工程投资的比例（%）	不含税金额	可抵扣增值税金额
六	基本预备费				
七	工程总费用合计	0.72	100	0.65	0.07
	其中：可抵扣增值税金额	0.07			0.07
	其中：施工费	0.15	20.83	0.14	0.01

表 9−3 典型方案 XB6−1 设备检修专业汇总估算表　　　金额单位：元

序号	工程或费用名称	设备检修费		配件购置费	合计
		检修费	未计价材料费		
	设备检修工程	1452		5111	6563
	陆上电缆线路设备检修工程	1452		5111	6563
三	电缆附件	1452		5111	6563
5	设备更换	1452		5111	6563
	合计	1452		5111	6563

表 9−4 典型方案 XB6−1 其他费用估算表　　　金额单位：元

序号	工程或费用名称	编制依据及计算说明	合价
2	项目管理费		55
2.1	管理经费	（建筑修缮费＋设备检修费）×0.75%	11
2.2	招标费	（建筑修缮费＋设备检修费）×0.67%	10
2.3	工程监理费	（建筑修缮费＋设备检修费）×2.4%	35
3	项目技术服务费		589
3.1	前期工作费	（建筑修缮费＋设备检修费）×1.12%	16
3.2	工程勘察设计费		495
3.2.2	设计费	设计费×100%	495
3.3	设计文件评审费		73
3.3.1	初步设计文件评审费	基本设计费×3.5%	35
3.3.2	施工图文件评审费	基本设计费×3.8%	38
3.4	结算文件审核费	（建筑修缮费＋设备检修费）×0.29%	4
	合计		644

9.1.4 典型方案电气设备材料表

典型方案 XB6-1 电气设备材料表见表 9-5。

表 9-5　　　　　　　典型方案 XB6-1 电气设备材料表

序号	设备或材料名称	单位	数量	备注
	设备检修工程			
	陆上电缆线路设备检修工程			
三	电缆附件			
5	设备更换			
500141515	电缆交叉互联箱 带护层保护器	台	1	

9.1.5 典型方案工程量表

典型方案 XB6-1 工程量见表 9-6。

表 9-6　　　　　　　典型方案 XB6-1 工程量表

序号	项目名称	单位	数量	备注
	设备检修工程			
	陆上电缆线路设备检修工程			
三	电缆附件			
5	设备更换			
XYL6-2	电缆护层保护器接地箱、交叉换位箱更换	只	1	

9.2　XB6-2 更换 110kV 接地电缆

9.2.1 典型方案主要内容

本典型方案为更换 0.1km 110kV 接地电缆，内容包括旧接地电缆拆除，材料运输，通道内清理，接地电缆敷设，防火及封堵，现场清理。

9.2.2 典型方案主要技术条件

典型方案 XB6-2 主要技术条件见表 9-7。

表 9-7　　　　　　　典型方案 XB6-2 主要技术条件

方案名称	工程主要技术条件	
	电压等级	110kV
	工作范围	接地电缆更换
更换 110kV 接地电缆	规格型号	接地电缆，AC 10kV，YJV，150，1，无阻燃
	运距	人力 0.3km，汽车 10km

9.2.3　典型方案估算书

估算投资为总投资，编制依据按 3.2 要求。典型方案 XB6-2 估算书包括总估算汇总表、设备检修专业汇总估算表、其他费用估算表，分别见表 9-8～表 9-10。

表 9-8　　　　　　　　　　**典型方案 XB6-2 总估算汇总表**　　　　　　金额单位：万元

序号	工程或费用名称	含税金额	占工程投资的比例（%）	不含税金额	可抵扣增值税金额
一	建筑修缮费				
二	设备检修费	1.26	88.11	1.12	0.14
三	配件购置费				
	其中：编制基准期价差				
四	小计	1.26	88.11	1.12	0.14
五	其他费用	0.17	11.89	0.16	0.01
六	基本预备费				
七	工程总费用合计	1.43	100	1.28	0.15
	其中：可抵扣增值税金额	0.15			0.15
	其中：施工费	0.1	6.99	0.09	0.01

表 9-9　　　　　　　　　　**典型方案 XB6-2 设备检修专业汇总估算表**　　　　金额单位：元

序号	工程或费用名称	设备检修费		配件购置费	合计
		检修费	未计价材料费		
	设备检修工程	1002	11573		12575
	陆上电缆线路设备检修工程	1002	11573		12575
三	电缆附件	1002	11573		12575
1	配件（材料）运输	44			44
5	设备更换	958	11573		12531
	合计	1002	11573		12575

表 9-10　　　　　　　　　　**典型方案 XB6-2 其他费用估算表**　　　　　　金额单位：元

序号	工程或费用名称	编制依据及计算说明	合价
2	项目管理费		480
2.1	管理经费	（建筑修缮费+设备检修费）×0.75%	94
2.2	招标费	（建筑修缮费+设备检修费）×0.67%	84
2.3	工程监理费	（建筑修缮费+设备检修费）×2.4%	302
3	项目技术服务费		1200

续表

序号	工程或费用名称	编制依据及计算说明	合价
3.1	前期工作费	（建筑修缮费＋设备检修费）×1.12%	141
3.2	工程勘察设计费		949
3.2.2	设计费	（建筑修缮费＋设备检修费＋配件购置费）×7.55%	949
3.3	设计文件评审费		73
3.3.1	初步设计文件评审费	基本设计费×3.5%	35
3.3.2	施工图文件评审费	基本设计费×3.8%	38
3.4	结算文件审核费	（建筑修缮费＋设备检修费）×0.29%	36
	合计		1680

9.2.4 典型方案电气设备材料表

典型方案 XB6-2 电气设备材料表见表 9-11。

表 9-11 **典型方案 XB6-2 电气设备材料表**

序号	设备或材料名称	单位	数量	备注
	设备检修工程			
	陆上电缆线路设备检修工程			
三	电缆附件			
5	设备更换			
500122207	接地电缆 AC10kV，YJV，150，1，无阻燃	km	0.100	

9.2.5 典型方案工程量表

典型方案 XB6-2 工程量见表 9-12。

表 9-12 **典型方案 XB6-2 工程量表**

序号	项目名称	单位	数量	备注
	设备检修工程			
	陆上电缆线路设备检修工程			
三	电缆附件			
1	配件（材料）运输			
JYX1-12	人力运输 线材 每件重（kg）400 以内	t·km	0.04	
JYX1-81	汽车运输 线材 每件重 400kg 以内 装卸	t	0.135	
JYX1-82	汽车运输 线材 每件重 400kg 以内 运输	t·km	1.348	
5	设备更换			
XYL6-3	更换回流线、接地线	m	100	

9.3 XB6-3 更换 220kV 接地电缆

9.3.1 典型方案主要内容

本典型方案为更换 0.1km 220kV 接地电缆，内容包括旧接地电缆拆除，材料运输，通道内清理，接地电缆敷设，防火及封堵，现场清理。

9.3.2 典型方案主要技术条件

典型方案 XB6-3 主要技术条件见表 9-13。

表 9-13　　　　　　　　　　典型方案 XB6-3 主要技术条件

方案名称	工程主要技术条件	
更换 220kV 接地电缆	电压等级	220kV
	工作范围	接地电缆更换
	规格型号	接地电缆，AC 10kV，YJV，240，1，无阻燃
	运距	人力 0.3km，汽车 10km

9.3.3 典型方案估算书

估算投资为总投资，编制依据按 3.2 要求。典型方案 XB6-3 估算书包括总估算汇总表、设备检修专业汇总估算表、其他费用估算表，分别见表 9-14～表 9-16。

表 9-14　　　　　　　　　　典型方案 XB6-3 总估算汇总表　　　　　　　金额单位：万元

序号	工程或费用名称	含税金额	占工程投资的比例（%）	不含税金额	可抵扣增值税金额
一	建筑修缮费				
二	设备检修费	2.15	88.11	1.91	0.24
三	配件购置费				
	其中：编制基准期价差				
四	小计	2.15	88.11	1.91	0.24
五	其他费用	0.29	11.89	0.27	0.02
六	基本预备费				
七	工程总费用合计	2.44	100	2.18	0.26
	其中：可抵扣增值税金额	0.26			0.26
	其中：施工费	0.1	4.1	0.09	0.01

表 9-15　　　　　　　　　　　典型方案 XB6-3 设备检修专业汇总估算表　　　　　　金额单位：元

序号	工程或费用名称	设备检修费		配件购置费	合计
		检修费	未计价材料费		
	设备检修工程	1008	20482		21490
	陆上电缆线路设备检修工程	1008	20482		21490
三	电缆附件	1008	20482		21490
1	配件（材料）运输	49			49
5	设备更换	959	20482		21441
	合计	1008	20482		21490

表 9-16　　　　　　　　　　　　典型方案 XB6-3 其他费用估算表　　　　　　　金额单位：元

序号	工程或费用名称	编制依据及计算说明	合价
2	项目管理费		821
2.1	管理经费	（建筑修缮费+设备检修费）×0.75%	161
2.2	招标费	（建筑修缮费+设备检修费）×0.67%	144
2.3	工程监理费	（建筑修缮费+设备检修费）×2.4%	516
3	项目技术服务费		2044
3.1	前期工作费	（建筑修缮费+设备检修费）×1.12%	241
3.2	工程勘察设计费		1623
3.2.2	设计费	（建筑修缮费+设备检修费+配件购置费）×7.55%	1623
3.3	设计文件评审费		118
3.3.1	初步设计文件评审费	基本设计费×3.5%	57
3.3.2	施工图文件评审费	基本设计费×3.8%	62
3.4	结算文件审核费	（建筑修缮费+设备检修费）×0.29%	62
	合计		2865

9.3.4　典型方案电气设备材料表

典型方案 XB6-3 电气设备材料表见表 9-17。

表 9-17　　　　　　　　　　　　典型方案 XB6-3 电气设备材料表

序号	设备或材料名称	单位	数量	备注
	设备检修工程			
	陆上电缆线路设备检修工程			
三	电缆附件			
5	设备更换		┄	
500122208	接地电缆 AC 10kV，YJV，240，1，无阻燃	km	0.100	

9.3.5 典型方案工程量表

典型方案 XB6－3 工程量见表 9－18。

表 9－18 **典型方案 XB6－3 工程量表**

序号	项目名称	单位	数量	备注
	设备检修工程			
	陆上电缆线路设备检修工程			
三	电缆附件			
1	配件（材料）运输			
JYX1－12	人力运输 线材 每件重（kg）400 以内	t·km	0.045	
JYX1－81	汽车运输 线材 每件重 400kg 以内 装卸	t	0.152	
JYX1－82	汽车运输 线材 每件重 400kg 以内 运输	t·km	1.515	
5	设备更换			
XYL6－3	更换回流线、接地线	m	100	

第10章　检修电缆附属设施

典型方案说明 ╶╶╶

　　检修电缆附属设施典型方案共 3 个：包括更换电缆标识、更换路径标识、电缆防火。

10.1　XB7-1 更换电缆标识

10.1.1　典型方案主要内容

本典型方案为更换 1km 标识标牌，电缆路径辨识、警告牌重新埋设，电缆路径 GPS 定位标志新增或更换、GPS 信息调整录入：定位、钻孔、下 PVC 管、装没电子标签、管端封堵。

10.1.2　典型方案主要技术条件

典型方案 XB7-1 主要技术条件见表 10-1。

表 10-1　　　　　　　　　　典型方案 XB7-1 主要技术条件

方案名称	工程主要技术条件	
更换电缆标识	工作范围	标识标牌更换或加装
	型号	亚克力 按 50m 设置一处
	运距	人力 0.3km，汽车 10km

10.1.3　典型方案估算书

估算投资为总投资，编制依据按 3.2 要求。典型方案 XB7-1 估算书包括总估算汇总表、设备检修专业汇总估算表、其他费用估算表，分别见表 10-2～表 10-4。

表 10-2　　　　　　　　典型方案 XB7-1 总估算汇总表　　　　　　　金额单位：万元

序号	工程或费用名称	含税金额	占工程投资的比例（%）	不含税金额	可抵扣增值税金额
一	建筑修缮费				
二	设备检修费	0.43	87.76	0.39	0.04
三	配件购置费				
	其中：编制基准期价差	0.01	2.04	0.01	
四	小计	0.43	87.76	0.39	0.04
五	其他费用	0.06	12.24	0.06	
六	基本预备费				

续表

序号	工程或费用名称	含税金额	占工程投资的比例（%）	不含税金额	可抵扣增值税金额
七	工程总费用合计	0.49	100	0.45	0.04
	其中：可抵扣增值税金额	0.04			0.04
	其中：施工费	0.43	87.76	0.39	0.04

表 10-3　　　　　　　　典型方案 XB7-1 设备检修专业汇总估算表　　　　　　金额单位：元

序号	工程或费用名称	设备检修费		配件购置费	合计
		检修费	未计价材料费		
	设备检修工程	3751	560		4311
	陆上电缆线路设备检修工程	3751	560		4311
三	电缆附件	3751	560		4311
1	配件（材料）运输	58			58
5	设备更换	3693	560		4253
	合计	3751	560		4311

表 10-4　　　　　　　　典型方案 XB7-1 其他费用估算表　　　　　　金额单位：元

序号	工程或费用名称	编制依据及计算说明	合价
2	项目管理费		165
2.1	管理经费	（建筑修缮费+设备检修费）×0.75%	32
2.2	招标费	（建筑修缮费+设备检修费）×0.67%	29
2.3	工程监理费	（建筑修缮费+设备检修费）×2.4%	103
3	项目技术服务费		459
3.1	前期工作费	（建筑修缮费+设备检修费）×1.12%	48
3.2	工程勘察设计费		325
3.2.2	设计费	设计费×100%	325
3.3	设计文件评审费		73
3.3.1	初步设计文件评审费	基本设计费×3.5%	35
3.3.2	施工图文件评审费	基本设计费×3.8%	38
3.4	结算文件审核费	（建筑修缮费+设备检修费）×0.29%	13
	合计		624

10.1.4 典型方案电气设备材料表

典型方案 XB7-1 电气设备材料表见表 10-5。

表 10-5　　　　　　　　　典型方案 XB7-1 电气设备材料表

序号	设备或材料名称	单位	数量	备注
	设备检修工程			
	陆上电缆线路设备检修工程			
三	电缆附件			
5	设备更换			
500023168	标识牌 亚克力	只	20	

10.1.5 典型方案工程量表

典型方案 XB7-1 工程量见表 10-6。

表 10-6　　　　　　　　　典型方案 XB7-1 工程量表

序号	项目名称	单位	数量	备注
	设备检修工程			
	陆上电缆线路设备检修工程			
三	电缆附件			
1	配件（材料）运输			
JYX1-19	人力运输 金具、绝缘子、零星钢材	t·km	0.064	
JYX1-105	汽车运输 金具、绝缘子、零星钢材 装卸	t	0.214	
JYX1-106	汽车运输 金具、绝缘子、零星钢材 运输	t·km	2.140	
5	设备更换			
XYL4-1	电缆标示牌及 GPS 定位标志增补 电缆路径标示牌增补	只	20	

10.2 XB7-2 更换路径标识

10.2.1 典型方案主要内容

本典型方案为更换 1km 电缆路径标识电缆路径辨识、警告牌重新埋设，电缆路径 GPS 定位标志新增或更换、GPS 信息调整录入：定位、钻孔、下 PVC 管、装没电子标签、管端封堵。

10.2.2 典型方案主要技术条件

典型方案 XB7-2 主要技术条件见表 10-7。

表 10－7　　　　　　　　　**典型方案 XB7－2 主要技术条件**

方案名称	工程主要技术条件	
更换路径标识	工作范围	标识标牌更换
	型号	亚克力 按 50m 设置一处
	运距	人力 0.3km，汽车 10km

10.2.3　典型方案估算书

估算投资为总投资，编制依据按 3.2 要求。典型方案 XB7－2 估算书包括总估算汇总表、设备检修专业汇总估算表、其他费用估算表，分别见表 10－8～表 10－10。

表 10－8　　　　　　　**典型方案 XB7－2 总估算汇总表**　　　　　金额单位：万元

序号	工程或费用名称	含税金额	占工程投资的比例（%）	不含税金额	可抵扣增值税金额
一	建筑修缮费				
二	设备检修费	0.43	87.76	0.39	0.04
三	配件购置费				
	其中：编制基准期价差	0.01	2.04	0.01	
四	小计	0.43	87.76	0.39	0.04
五	其他费用	0.06	12.24	0.06	
六	基本预备费				
七	工程总费用合计	0.49	100	0.45	0.04
	其中：可抵扣增值税金额	0.04			0.04
	其中：施工费	0.43	87.76	0.39	0.04

表 10－9　　　　　　**典型方案 XB7－2 设备检修专业汇总估算表**　　　　金额单位：元

序号	工程或费用名称	设备检修费		配件购置费	合计
		检修费	未计价材料费		
	设备检修工程	3751	560		4311
	陆上电缆线路设备检修工程	3751	560		4311
三	电缆附件	3751	560		4311
1	配件（材料）运输	58			58
5	设备更换	3693	560		4253
	合计	3751	560		4311

表 10-10 **典型方案 XB7-2 其他费用估算表** 金额单位：元

序号	工程或费用名称	编制依据及计算说明	合价
2	项目管理费		165
2.1	管理经费	（建筑修缮费+设备检修费）×0.75%	32
2.2	招标费	（建筑修缮费+设备检修费）×0.67%	29
2.3	工程监理费	（建筑修缮费+设备检修费）×2.4%	103
3	项目技术服务费		459
3.1	前期工作费	（建筑修缮费+设备检修费）×1.12%	48
3.2	工程勘察设计费		325
3.2.2	设计费	设计费×100%	325
3.3	设计文件评审费		73
3.3.1	初步设计文件评审费	基本设计费×3.5%	35
3.3.2	施工图文件评审费	基本设计费×3.8%	38
3.4	结算文件审核费	（建筑修缮费+设备检修费）×0.29%	13
	合计		624

10.2.4　典型方案电气设备材料表

典型方案 XB7-2 电气设备材料表见表 10-11。

表 10-11　　　　　　　　　**典型方案 XB7-2 电气设备材料表**

序号	设备或材料名称	单位	数量	备注
	设备检修工程			
	陆上电缆线路设备检修工程			
三	电缆附件			
5	设备更换			
500023168	标识牌 亚克力	只	20	

10.2.5　典型方案工程量表

典型方案 XB7-2 工程量见表 10-12。

表 10-12　　　　　　　　　**典型方案 XB7-2 工程量表**

序号	项目名称	单位	数量	备注
	设备检修工程			
	陆上电缆线路设备检修工程			

序号	项目名称	单位	数量	备注
三	电缆附件			
1	配件（材料）运输			
JYX1-19	人力运输 金具、绝缘子、零星钢材	t·km	0.064	
JYX1-105	汽车运输 金具、绝缘子、零星钢材 装卸	t	0.214	
JYX1-106	汽车运输 金具、绝缘子、零星钢材 运输	t·km	2.140	
5	设备更换			
XYL4-1	电缆标示牌及 GPS 定位标志增补 电缆路径标示牌增补	只	20	

10.3 XB7-3 电缆防火

10.3.1 典型方案主要内容

本典型方案为修复或重做 0.1km 电缆防火，内容包括材料运输，通道内清理，运行电缆整理，防火涂料粉刷，防火隔板、防火墙及防火封堵安装，防火涂料或防火带，外观检查。

10.3.2 典型方案主要技术条件

典型方案 XB7-3 主要技术条件见表 10-13。

表 10-13   典型方案 XB7-3 主要技术条件

方案名称	工程主要技术条件	
	工作范围	电缆隧道
电缆防火	型号	防火砖 50 块，防火涂料 0.050t，防火堵料 0.020t，防火隔板 8m²，防火带 3m²
	运距	人力 0.3km，汽车 10km

10.3.3 典型方案估算书

估算投资为总投资，编制依据按 3.2 要求。典型方案 XB7-3 估算书包括总估算汇总表、设备检修专业汇总估算表、其他费用估算表，分别见表 10-14～表 10-16。

表 10-14   典型方案 XB7-3 总估算汇总表   金额单位：万元

序号	工程或费用名称	含税金额	占工程投资的比例（%）	不含税金额	可抵扣增值税金额
一	建筑修缮费	0.01	0.49	0.01	
二	设备检修费	1.78	87.68	1.63	0.15
三	配件购置费				
	其中：编制基准期价差	0.04	1.97	0.04	

续表

序号	工程或费用名称	含税金额	占工程投资的比例（%）	不含税金额	可抵扣增值税金额
四	小计	1.79	88.18	1.64	0.15
五	其他费用	0.24	11.82	0.23	0.01
六	基本预备费				
七	工程总费用合计	2.03	100	1.87	0.16
	其中：可抵扣增值税金额	0.16			0.16
	其中：施工费	1.79	88.18	1.64	0.15

表 10−15　　　　　　　典型方案 XB7−3 设备检修专业汇总估算表　　　　金额单位：元

序号	工程或费用名称	设备检修费		配件购置费	合计
		检修费	未计价材料费		
	设备检修工程	13829	3985		17814
	陆上电缆线路设备检修工程	13829	3985		17814
四	电缆防火	13829	3985		17814
1	配件（材料）运输	181			181
3	电缆本体防火	13648	3985		17633
	合计	13829	3985		17814

表 10−16　　　　　　　典型方案 XB7−3 其他费用估算表　　　　金额单位：元

序号	工程或费用名称	编制依据及计算说明	合价
2	项目管理费		685
2.1	管理经费	（建筑修缮费＋设备检修费）×0.75%	134
2.2	招标费	（建筑修缮费＋设备检修费）×0.67%	120
2.3	工程监理费	（建筑修缮费＋设备检修费）×2.4%	430
3	项目技术服务费		1705
3.1	前期工作费	（建筑修缮费＋设备检修费）×1.12%	201
3.2	工程勘察设计费		1353
3.2.2	设计费	设计费×100%	1353
3.3	设计文件评审费		99
3.3.1	初步设计文件评审费	基本设计费×3.5%	47
3.3.2	施工图文件评审费	基本设计费×3.8%	51
3.4	结算文件审核费	（建筑修缮费＋设备检修费）×0.29%	52
	合计		2389

10.3.4 典型方案电气设备材料表

典型方案 XB7-3 电气设备材料表见表 10-17。

表 10-17　　　　　　　　　　典型方案 XB7-3 电气设备材料表

序号	设备或材料名称	单位	数量	备注
	设备检修工程			
	陆上电缆线路设备检修工程			
四	电缆防火			
3	消防			
500071040	防火带　防火橡胶	m	100	
500011662	防火隔板	m²	8	
500011738	防火堵料	t	0.020	
500011727	防火涂料	kg	50	
500011663	防火砖	块	50	

10.3.5 典型方案工程量表

典型方案 XB7-3 工程量见表 10-18。

表 10-18　　　　　　　　　　典型方案 XB7-3 工程量表

序号	项目名称	单位	数量	备注
	设备检修工程			
	陆上电缆线路设备检修工程			
四	电缆防火			
1	配件（材料）运输			
JYX1-22	人力运输　其他建筑安装材料	t·km	0.27	
JYX1-107	汽车运输　其他建筑安装材料　装卸	t	0.901	
JYX1-108	汽车运输　其他建筑安装材料　运输	t·km	9.01	
3	电缆本体防火			
JYL4-41	电缆防火　防火带	m	100	
JYL4-46	电缆防火　防火隔板	m²	8	
JYL4-45	电缆防火　孔洞防火封堵	t	0.020	
JYL4-43	电缆防火　防火涂料	kg	50	
JYL4-44	电缆防火　防火墙	m²	1.500	

第11章　检修电缆通道

检修电缆通道典型方案共 3 个：按照检修内容分为电缆沟修复、隧道防水堵漏、更换井盖。

11.1　XB8-1 电缆沟修复

11.1.1　典型方案主要内容

本典型方案为修复 10m 电缆沟（内尺寸 1×1.2m），内容包括材料运输，土方开挖，电缆设施保护，电缆沟地基施工，电缆沟扎筋、立模、混凝土浇筑，混凝土养护，回填，场地清理。

11.1.2　典型方案主要技术条件

典型方案 XB8-1 主要技术条件见表 11-1。

表 11-1　　　　　　　　　　　典型方案 XB8-1 主要技术条件

方案名称	工程主要技术条件	
电缆沟修复	工作范围	电缆沟盖板更换
	地形地质	平地 100%，普通土 80%，坚土 20%
	型号	C20 混凝土（内尺寸 1×1.2m）
	运距	人力 0.3km，汽车 10km

11.1.3　典型方案估算书

估算投资为总投资，编制依据按 3.2 要求。典型方案 XB8-1 估算书包括总估算汇总表、设备检修专业汇总估算表、建筑修缮专业汇总表、其他费用估算表，分别见表 11-2～表 11-4。

表 11-2　　　　　　　　　　　典型方案 XB8-1 总估算汇总表　　　　　　　　　金额单位：万元

序号	工程或费用名称	含税金额	占工程投资的比例（%）	不含税金额	可抵扣增值税金额
一	建筑修缮费	3.09	88.29	2.81	0.28
二	设备检修费				
三	配件购置费				
	其中：编制基准期价差	0.02	0.57	0.02	

续表

序号	工程或费用名称	含税金额	占工程投资的比例（%）	不含税金额	可抵扣增值税金额
四	小计	3.09	88.29	2.81	0.28
五	其他费用	0.41	11.71	0.39	0.02
六	基本预备费				
七	工程总费用合计	3.5	100	3.2	0.3
	其中：可抵扣增值税金额	0.3			0.3
	其中：施工费	2.39	68.29	2.19	0.2

表 11−3　　　　　**典型方案 XB8−1 建筑修缮专业汇总估算表**　　　　　金额单位：元

序号	工程或费用名称	建筑配件购置费	未计价材料费	修缮费	建筑修缮费合计
	建筑修缮工程		11889	19012	30901
	陆上电缆线路建筑修缮工程		11889	19012	30901
二	构筑物修缮		11889	19012	30901
1	配件（材料）运输			90	90
2	电缆沟、浅槽		11889	18922	30811
	合计		11889	19012	30901

表 11−4　　　　　**典型方案 XB8−1 其他费用估算表**　　　　　金额单位：元

序号	工程或费用名称	编制依据及计算说明	合价
2	项目管理费		1180
2.1	管理经费	（建筑修缮费＋设备检修费）×0.75%	232
2.2	招标费	（建筑修缮费＋设备检修费）×0.67%	207
2.3	工程监理费	（建筑修缮费＋设备检修费）×2.4%	742
3	项目技术服务费		2939
3.1	前期工作费	（建筑修缮费＋设备检修费）×1.12%	346
3.2	工程勘察设计费		2333
3.2.2	设计费	设计费×100%	2333
3.3	设计文件评审费		170
3.3.1	初步设计文件评审费	基本设计费×3.5%	82
3.3.2	施工图文件评审费	基本设计费×3.8%	89
3.4	结算文件审核费	（建筑修缮费＋设备检修费）×0.29%	90
	合计		4119

11.1.4　典型方案电气设备材料表

典型方案 XB8-1 电气设备材料表见表 11-5。

表 11-5　　　　　典型方案 XB8-1 电气设备材料表

序号	设备或材料名称	单位	数量	备注
	建筑修缮工程			
	陆上电缆线路建筑修缮工程			
二	构筑物修缮			
2	电缆沟、浅槽			
500028549	电缆沟盖板	块	20	
500067309	商品混凝土 C20	m^3	11	

11.1.5　典型方案工程量表

典型方案 XB8-1 工程量见表 11-6。

表 11-6　　　　　典型方案 XB8-1 工程量表

序号	项目名称	单位	数量	备注
	建筑修缮工程			
	陆上电缆线路建筑修缮工程			
二	构筑物修缮			
1	配件（材料）运输			
JYX1-6	人力运输 混凝土预制品 每件重（kg）100 以内	t·km	0.124	
JYX1-69	汽车运输 混凝土预制品 每件重 100kg 以内 装卸	t	0.414	
JYX1-70	汽车运输 混凝土预制品 每件重 100kg 以内 运输	t·km	4.140	
2	电缆沟、浅槽			
JGT10-27	砌体沟道	m^3	11	
JGT1-1	机械施工土方 场地平整 土方	m^3	88	
JGT2-29	地基处理 换填碎石	m^3	2.200	

11.2　XB8-2 隧道防水堵漏

11.2.1　典型方案主要内容

本典型方案为隧道防水堵漏 1m，内容包括材料运输，外观检查，外观清理，注浆，防水封胶涂覆，止水带敷设，外部保护层安装，外部混凝土注浆，内部伸缩缝钢架支撑，养护，现场清理。

11.2.2　典型方案主要技术条件

典型方案 XB8-2 主要技术条件见表 11-7。

表 11-7　　　　　　　**典型方案 XB8-2 主要技术条件**

方案名称	工程主要技术条件	
隧道防水堵漏	工作范围	隧道防水堵漏
	型号	双组分聚硫密封胶，外背贴式止水带，聚苯乙烯泡沫板保护层

11.2.3　典型方案估算书

估算投资为总投资，编制依据按 3.2 要求。典型方案 XB8-2 估算书包括总估算汇总表、建筑修缮专业汇总估算表、其他费用估算表，分别见表 11-8～表 11-10。

表 11-8　　　　　　　**典型方案 XB8-2 总估算汇总表**　　　　金额单位：万元

序号	工程或费用名称	含税金额	占工程投资的比例（%）	不含税金额	可抵扣增值税金额
一	建筑修缮费	0.47	87.04	0.43	0.04
二	设备检修费				
三	配件购置费				
	其中：编制基准期价差				
四	小计	0.47	87.04	0.43	0.04
五	其他费用	0.07	12.96		0.07
六	基本预备费				
七	工程总费用合计	0.54	100	0.5	0.04
	其中：可抵扣增值税金额	0.04			0.04
	其中：施工费	0.47	87.04	0.43	0.04

表 11-9　　　　　　　**典型方案 XB8-2 建筑修缮专业汇总估算表**　　　　金额单位：元

序号	工程或费用名称	建筑配件购置费	未计价材料费	修缮费	建筑修缮费合计
	建筑修缮工程		3478	1181	4659
	陆上电缆线路建筑修缮工程		3478	1181	4659
三	构筑物修缮		3478	1181	4659
1	配件（材料）运输			23	23
3	电缆沟、浅槽		3478	1158	4636
	合计		3478	1181	4659

表 11-10 典型方案 XB8-2 其他费用估算表 金额单位：元

序号	工程或费用名称	编制依据及计算说明	合价
2	项目管理费		178
2.1	管理经费	（建筑修缮费＋设备检修费）×0.75%	35
2.2	招标费	（建筑修缮费＋设备检修费）×0.67%	31
2.3	工程监理费	（建筑修缮费＋设备检修费）×2.4%	112
3	项目技术服务费		490
3.1	前期工作费	（建筑修缮费＋设备检修费）×1.12%	52
3.2	工程勘察设计费		352
3.2.2	设计费	设计费×100%	352
3.3	设计文件评审费		73
3.3.1	初步设计文件评审费	基本设计费×3.5%	35
3.3.2	施工图文件评审费	基本设计费×3.8%	38
3.4	结算文件审核费	（建筑修缮费＋设备检修费）×0.29%	14
	合计		668

11.2.4 典型方案电气设备材料表

典型方案 XB8-2 电气设备材料表见表 11-11。

表 11-11 典型方案 XB8-2 电气设备材料表

序号	设备或材料名称	单位	数量	备注
	建筑修缮工程			
	陆上电缆线路建筑修缮工程			
三	构筑物修缮			
500013536	双组分聚硫密封胶	kg	1.200	
500023296	外背贴式止水带	m	12	
500133637	聚合物水泥刚性防水砂浆	t	0.120	

11.2.5 典型方案工程量表

典型方案 XB8-2 工程量见表 11-12。

表 11-12 典型方案 XB8-2 工程量表

序号	项目名称	单位	数量	备注
	建筑修缮工程			

续表

序号	项目名称	单位	数量	备注
	陆上电缆线路建筑修缮工程			
三	构筑物修缮			
1	配件（材料）运输			
JYX1-22	人力运输　其他建筑安装材料	t·km	0.041	
JYX1-107	汽车运输　其他建筑安装材料　装卸	t	0.135	
JYX1-108	汽车运输　其他建筑安装材料　运输	t·km	1.352	
3	消防			
JYL1-67	沟体、工井　聚氨酯涂膜防水　二遍（2mm）	m²	12	
JYL1-64	沟体、工井　防水砂浆平面	m²	8.400	
JYL1-65	沟体、工井　防水砂浆立面	m²	3.600	

11.3　XB8-3 更换井盖

11.3.1　典型方案主要内容

本典型方案为更换 1 套井盖，内容包括材料运输外部检查，原井盖拆除，钢筋网片、混凝土浇筑井口，养护，井盖安装、防坠措施安装，回填，沥青铺设，养护，场地清理。

11.3.2　典型方案主要技术条件

典型方案 XB8-3 主要技术条件见表 11-13。

表 11-13　　　　典型方案 XB8-3 主要技术条件

方案名称	工程主要技术条件	
更换井盖	工作范围	井盖更换
	型号	φ900 铸铁防沉降井盖

11.3.3　典型方案估算书

估算投资为总投资，编制依据按 3.2 要求。典型方案 XB8-3 估算书包括总估算汇总表、建筑修缮专业汇总估算表、其他费用估算表，分别见表 11-14～表 11-16。

表 11-14　　　　典型方案 XB8-3 总估算汇总表　　　　金额单位：万元

序号	工程或费用名称	含税金额	占工程投资的比例（%）	不含税金额	可抵扣增值税金额
一	建筑修缮费	0.22	84.62	0.2	0.02
二	设备检修费				

续表

序号	工程或费用名称	含税金额	占工程投资的比例（%）	不含税金额	可抵扣增值税金额
三	配件购置费				
	其中：编制基准期价差				
四	小计	0.22	84.62	0.2	0.02
五	其他费用	0.04	15.38	0.04	
六	基本预备费				
七	工程总费用合计	0.26	100	0.24	0.02
	其中：可抵扣增值税金额	0.02			0.02
	其中：施工费	0.03	11.54	0.03	

表 11-15　　　　　典型方案 XB8-3 建筑修缮专业汇总估算表　　　　金额单位：元

序号	工程或费用名称	建筑配件购置费	未计价材料费	修缮费	建筑修缮费合计
	建筑修缮工程		1853	335	2188
	陆上电缆线路建筑修缮工程		1853	335	2188
二	构筑物修缮		1853	335	2188
1	配件（材料）运输			3	3
3	工作井		1853	332	2185
	合计		1853	335	2188

表 11-16　　　　　　　典型方案 XB8-3 其他费用估算表　　　　　金额单位：元

序号	工程或费用名称	编制依据及计算说明	合价
2	项目管理费		84
2.1	管理经费	（建筑修缮费+设备检修费）×0.75%	16
2.2	招标费	（建筑修缮费+设备检修费）×0.67%	15
2.3	工程监理费	（建筑修缮费+设备检修费）×2.4%	53
3	项目技术服务费		269
3.1	前期工作费	（建筑修缮费+设备检修费）×1.12%	25
3.2	工程勘察设计费		165
3.2.2	设计费	设计费×100%	165
3.3	设计文件评审费		73

续表

序号	工程或费用名称	编制依据及计算说明	合价
3.3.1	初步设计文件评审费	基本设计费×3.5%	35
3.3.2	施工图文件评审费	基本设计费×3.8%	38
3.4	结算文件审核费	（建筑修缮费＋设备检修费）×0.29%	6
	合计		353

11.3.4　典型方案电气设备材料表

典型方案 XB8-3 电气设备材料表见表 11-17。

表 11-17　　　　　　　　　　**典型方案 XB8-3 电气设备材料表**

序号	设备或材料名称	单位	数量	备注
	建筑修缮工程			
	陆上电缆线路建筑修缮工程			
二	构筑物修缮			
3	工作井			
500070151	φ900 铸铁防沉降井盖	套	1	

11.3.5　典型方案工程量表

典型方案 XB8-3 工程量见表 11-18。

表 11-18　　　　　　　　　　**典型方案 XB8-3 工程量表**

序号	项目名称	单位	数量	备注
	建筑修缮工程			
	陆上电缆线路建筑修缮工程			
二	构筑物修缮			
1	配件（材料）运输			
JYX1-22	人力运输 其他建筑安装材料	t·km	0.006	
JYX1-107	汽车运输 其他建筑安装材料 装卸	t	0.020	
JYX1-108	汽车运输 其他建筑安装材料 运输	t·km	0.203	
3	工作井			
JYT3-12	砌筑实心砖 铸铁井盖	套	1	

第三篇　使　用　说　明

第12章　典型造价使用说明

12.1　应用范围

本册典型造价主要应用于电网设备大修项目估（概）算编制与审核工作，指导编制单位编制电网设备大修项目估（概）算，审核单位对比审核实际工程费用，分析费用差异原因。

12.2　典型方案应用方法

第一步：分析实际工程的主要技术条件和工程参数。

第二步：根据实际工程的主要技术条件和工程参数，从典型方案库中选择对应方案；若典型方案库中无实际工程的技术条件，则采用类似技术条件的典型方案。

第三步：按照实际工程的工程参数，选择单个方案或多个方案进行拼接。

（1）更换单一构件。

1）选择方案：选取单个方案，并根据实际工程的情况，乘以构件数量，实现工程量累加，得到拟编制工程的工程量。

2）取费及价格水平调整：按照当地取费要求、材机调价水平要求对方案进行调整。

3）工程量调整：根据实际工程与典型方案的差异，对工程量和物料进行调整，得出本体费用。

4）其他费用调整：根据实际工程所在区域调整典型方案中可调整的其他费用项，预规中规定的其他费用项计算标准不变，依此标准重新计算实际工程的其他费用。

（2）更换组合构件。

1）选择方案：选取多个方案，并根据实际工程的情况，每个方案乘以对应的构件数量，然后将各方案的工程量进行累加，拼接后得到拟编制工程的工程量。

2）取费及价格水平调整：按照当地取费要求、材机调价水平要求对方案进行调整。

3）工程量调整：根据实际工程与典型方案的差异，对工程量和物料进行调整，得出本体费用。

4）其他费用调整：根据实际工程所在区域调整典型方案中可调整的其他费用项，预规中规定的其他费用项计算标准不变，依此标准重新计算实际工程的其他费用。

第四步：得到实际工程造价，并得出实际工程与典型方案的差异。

附录 A 输电线路检修工程取费基数及费率一览表

输电线路检修工程取费基数及费率一览表见表 A1。

表 A1　　　　　　　　　　输电线路检修工程取费基数及费率一览表

项目名称			取费基数	费率（%）		
				架空线路检修	电缆线路检修	通信线路检修
直接费	措施费	冬雨季施工增加费	人工费+机械费	2.67	5.73	4.69
		夜间施工增加费		—	3.13	—
		施工工具用具使用费		1.88	5.53	4.36
		临时设施费		7.37	19.19	8.75
		安全文明施工费		6.11	16.68	12.77
间接费	规费	社会保险费	人工费	28.3	28.3	28.3
		住房公积金		12	12	12
	企业管理费		人工费+机械费	24.69	47.49	40.91
利润				3.52	11.01	6.47
编制基准期价差			人工价差	4.97	4.97	—
			材机价差	8.8（35kV/66kV/110kV）；9.46（220kV）；9.76（500kV）	8.18（110kV）；8.43（220kV）	—
增值税			直接费+间接费+利润+编制基准期价差	9	9	9

注　"夜间施工增加费"架空线路检修、通信线路检修不计本项费用。

附录 B　输电专业其他费用取费基数及费率一览表

输电专业其他费用取费基数及费率一览表见表 B1。

表 B1　　　　　　　　　输电专业其他费用取费基数及费率一览表

序号	工程或费用名称	取费基数、计算方法或依据	费率（%）	备注
1	检修场地租用及清理费			
1.1	土地租用费			未计列
1.2	余物清理费			未计列
1.3	输电线路走廊清理费			未计列
1.4	线路跨越补偿费			未计列
1.5	水土保持补偿费			未计列
2	项目管理费			
2.1	管理经费	建筑修缮费＋设备检修费	0.75	
2.2	招标费	建筑修缮费＋设备检修费	0.67	
2.3	工程监理费	建筑修缮费＋设备检修费	2.40	
2.4	工程保险费	按预规规定计列		
3	项目技术服务费			
3.1	前期工作费	建筑修缮费＋设备检修费	1.12	
3.2	工程勘察设计费			
3.2.1	勘察费	按预规规定计列		
3.2.2	设计费	按预规规定计列		
3.3	设计文件评审费			
3.3.1	初步设计文件评审费	基本设计费	3.50	
3.3.2	施工图文件评审费	基本设计费	3.80	
3.4	结算文件审核费	建筑修缮费＋设备检修费	0.29	
3.5	项目后评价费	建筑修缮费＋设备检修费		不计列
3.6	工程检测费			不计列
3.7	设备专修费			不计列
3.8	技术经济标准编制费	建筑修缮费＋设备检修费		不计列

注　"招标费、设计文件评审费、结算文件审核费"可按工程实际计取。

附录C　建筑材料价格一览表

建筑材料价格一览表见表C1。

表 C1　　　　　　　　　建筑材料价格一览表　　　　　　　金额单位：元

序号	编号	材料名称	单位	市场价不含税	市场价含税	价格来源
一		混凝土				
1	500080493	商品混凝土 C15	m³	417.5	430	《北京工程造价信息》（月刊（总第266期））
2	500067309	商品混凝土 C20	m³	436.9	450	
3	500067308	商品混凝土 C25	m³	446.6	460	
二		钢材				
1	C01020712	圆钢 ϕ10 以外	kg	4.35	4.91	

参 考 文 献

[1] 国家能源局. 电网技术改造工程预算编制与计算规定（2020年版）[M]. 北京：中国电力出版社，2021.

[2] 国家能源局. 电网检修工程预算编制与计算规定（2020年版）[M]. 北京：中国电力出版社，2021.

[3] 国家能源局. 电网技术改造工程概算定额（2020年版）[M]. 北京：中国电力出版社，2021.

[4] 国家能源局. 电网技术改造工程预算定额（2020年版）[M]. 北京：中国电力出版社，2021.

[5] 国家能源局. 电网检修工程预算定额（2020年版）[M]. 北京：中国电力出版社，2021.

[6] 国家能源局. 电网拆除工程预算定额（2020年版）[M]. 北京：中国电力出版社，2021.

[7] 中国电力企业联合会. 电力建设工程装置性材料综合预算价格（2018年版）[M]. 北京：中国电力出版社，2020.

[8] 北京市建设工程造价管理总站. 北京工程造价信息（月刊〔第266期〕）[G]. 北京：北京市住房和城乡建设委员会，2022.

[9] 国家电网有限公司电力建设定额站. 2022年第三季度电网工程设备材料信息价（总41期）[S]. 北京：国家电网有限公司，2022.

[10] 电力工程造价与定额管理总站.《电力工程造价与定额管理总站关于发布2020版电网技术改造及检修工程概预算定额2022年上半年价格水平调整系数的通知（定额〔2022〕21号）》[S]. 北京：电力工程造价与定额管理总站，2022.

[11] 中华人民共和国住房和城乡建设部. 35kV～110kV变电站设计规范：GB 50059—2011 [S]. 北京：中国计划出版社，2012.

[12] 中华人民共和国住房和城乡建设部. 混凝土结构设计规范（2015年版）：GB 50010—2010 [S]. 北京：中国建筑工业出版社，2011.

[13] 中华人民共和国住房和城乡建设部. 钢结构设计标准：GB 50017—2017 [S]. 北京：中国建筑工业出版社，2018.

[14] 国家电网公司. 国家电网公司输变电工程典型设计（2011年版）[M]. 北京：中国电力出版社，2011.

[15] 国家电网公司. 输变电工程造价分析内容深度规定：Q/GDW 433—2010 [S]. 北京：中国电力出版社，2010.

[16] 国家电网公司. 110kV变电站通用设计规范：Q/GDW 203—2008 [S]. 北京：中国电力出版社，2008.

[17] 国家电网公司. 220kV变电站通用设计规范：Q/GDW 204—2008 [S]. 北京：中国电力出版社，2008.

[18] 国家电网公司. 500kV变电站通用设计规范：Q/GDW 342—2009 [S]. 北京：中国电力出版社，2009.

[19] 国家能源局. 变电站测控装置技术规范：DL/T 1512—2016 [S]. 北京：中国电力出版社，2016.

[20] 国家能源局. 220kV～750kV变电站设计技术规程：DL/T 5218—2012 [S]. 北京：中国计划出版社，2012.

[21] 国家能源局. 变电工程初步设计内容深度规定：DL/T 5452—2012 [S]. 北京：中国电力出版社，2012.

［22］中华人民共和国住房和城乡建设部. 35kV～110kV 变电站设计规范：GB 50059—2011［S］. 北京：中国计划出版社，2011.

［23］国家能源局. 输变电工程工程量清单计价规范：Q/GDW 11337—2014［S］. 北京：中国电力出版社，2014.

［24］国家能源局. 输变电工程可行性研究投资估算编制导则：DL/T 5469—2021［S］. 北京：中国计划出版社，2021.